书山有路勤为径,优质资源伴你行
注册世纪波学院会员,享精品图书增值服务

THE PRINCIPAL INFLUENCE

校长领导力

如何在校园中成就卓越

（修订版）

A Framework for Developing Leadership Capacity in Principals

[美] 皮特·霍尔 （Pete Hall） | 黛博拉·查尔兹-伯恩 （Deborah Childs-Bowen） | 安·坎宁安-莫里斯 （Ann Cunningham-Morris） 著
菲莉丝·帕贾多 （Phyllis Pajardo） | 爱丽莎·西美尔 （Alisa Simeral）

何晓娜　秦晓虹　译
白　晓　审校

电子工业出版社
Publishing House of Electronics Industry
北京·BEIJING

Translated and published by Publishing House of Electronics Industry (PHEI) with permission from ASCD.
This translated work is based on The Principal Influence: A Framework for Developing Leadership Capacity in Principals by Pete Hall, Deborah Childs-Bowen, Ann Cunningham-Morris, Phyllis Pajardo, and Alisa Simeral.
© 2017 ASCD.
All Rights Reserved.
ASCD is not affiliated with PHEI or responsible for the quality of this translated work.
Simplified Chinese edition copyright © 2020 by Publishing House of Electronics Industry.

本书简体中文字版经由 ASCD 授权电子工业出版社独家出版发行。未经书面许可，不得以任何方式抄袭、复制或节录本书中的任何内容。

版权贸易合同登记号　图字：01-2018-6071

图书在版编目（CIP）数据

校长领导力：如何在校园中成就卓越 /（美）皮特·霍尔（Pete Hall）等著；何晓娜，秦晓虹译. —修订本. —北京：电子工业出版社，2023.10
书名原文：The Principal Influence: A Framework for Developing Leadership Capacity in Principals
ISBN 978-7-121-46177-4

Ⅰ．①校… Ⅱ．①皮… ②何… ③秦… Ⅲ．①校长－学校管理－研究 Ⅳ．①G471.2
中国国家版本馆 CIP 数据核字（2023）第 168392 号

责任编辑：刘琳琳
印　　刷：三河市龙林印务有限公司
装　　订：三河市龙林印务有限公司
出版发行：电子工业出版社
　　　　　北京市海淀区万寿路 173 信箱　邮编 100036
开　　本：720×1000　1/16　印张：13.25　字数：258 千字
版　　次：2020 年 1 月第 1 版
　　　　　2023 年 10 月第 2 版
印　　次：2023 年 10 月第 1 次印刷
定　　价：65.00 元

凡所购买电子工业出版社图书有缺损问题，请向购买书店调换。若书店售缺，请与本社发行部联系，联系及邮购电话：(010) 88254888，88258888。
质量投诉请发邮件至 zlts@phei.com.cn，盗版侵权举报请发邮件至 dbqq@phei.com.cn。
本书咨询联系方式：(010) 88254199，sjb@phei.com.cn。

译者序

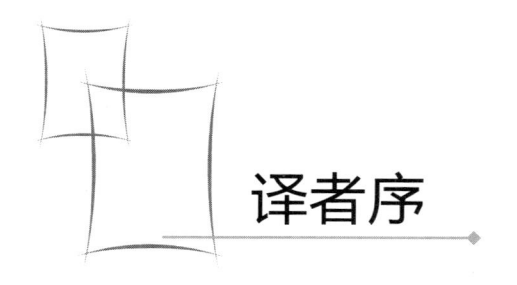

"校长是一个学校的灵魂,要想评论一个学校,先评论它的校长。"在当前的基础教育领域,最有影响力的,可能非校长这一职业莫属了,而在当前教育领域迅速变革的趋势下,最亟待提升和发展的,大概也非校长这一职业莫属了。

校长不仅是学校的实际领导者,还是学校的精神领袖。校长的自身素质和能力需要不断得到加强。目前,我国的中小学校长大多存在对自己的角色定位不清晰、组织能力薄弱和执行力欠缺的问题。同时,目前对校长的评价仍然局限在校长已有的工作和政绩方面,忽视了对校长当前领导能力的评价和提升,而恰恰这些才是校长能够真正引领学校发展的关键一步。

面对全球化趋势的影响和学校组织的不断变革,校长的角色和评价标准也在不断调整。在我们长年与各地教育局和中小学校长的合作中,在长期致力于一线中小学校长发展的实践研究中,无时无刻都能感受到我国中小学校长领导力的建设还有很长的一段路要走,很多校长在自己的位置上步履维艰、茫然无措。为此,我们一直在研究和寻求能够清晰界定校长角色和行为标准,同时又能提供操作性工具和实例、手把手帮助校长提升领导力的这样一套理论和实践相结合的框架。所以,当我们读完美国监督和课程开发协会(Association for Supervision and Curriculum Development,ASCD)出版的这本

The Principal Influence

《校长领导力》时，很肯定地说："这，就是我们一直寻找的。"所以我们很快就决定要把它翻译出来，供中国的校长们参考。

本书既是写给所有富有实干精神的中小学校长们的，同时也是写给关注校长领导力提升的教育行政领导者的。相信任何一位有志于带领学校走出困境的领导者都可以从中获益良多。本书的作者是一群有着多年学校管理经验的领导者，他们将自己的管理理论结合多年的实战经验，在本书中倾囊相授。

在过去的几十年里，ASCD 在开展领导力研究和应用方面做出了不懈的努力，在 2008 年，ASCD 第一次推出了领导力发展框架。在此基础上，又根据最新的研究成果和教育变革的背景，对领导力标准进行不断修订和更新，因此才有了本书中简明、清晰、操作性强的校长领导力发展框架，不仅对校长必备的特点、行为、态度和方法有了明确的要求，也引入了对最优教育实践的讨论，在教育界形成了良好的声誉和影响力。

ASCD 的校长领导力发展框架分为四个模块，清晰地界定了校长需要扮演的四个关键角色：愿景式领导者，教学领导者，组织型领导者，学习型和合作型领导者。在此基础上，校长领导力发展框架提出了 17 条判断实践和行动是否有效的标准。通过持续性反思这一有效的工具，帮助校长从"无意识阶段"过渡到"有意识阶段"，再发展到"行动阶段"，最后进入"优化阶段"。本书不仅为校长领导力的发展提供了方向和理论指导，更是一本工具书和操作指南，让校长在边阅读边操作的过程中，逐步实现领导力的提升，并成功实施学校变革。

本书提供的校长领导力发展框架主要基于美国当前的教育状况和教育实践，有些内容可能会跟中国的教育现状不符，有些标准可以根据实际情况进行取舍。需要注意的是，在不同的教育体制下可能有些教育变革在短期内实

译者序

现不了，但是校长领导力发展框架为中小学校长提供了更广阔的视野，这些关键能力的提出为我们所有中小学校长现在和未来的发展提供了标准上的参考。大家在阅读本书时，需要带着前瞻和发展的眼光来看待校长领导力。

北京师范大学高级管理者发展中心（Executive Development Programs，EDP）以"培养更好的教育领导者"为宗旨，遵循"修己达人，易知简能"的人才培养理念，致力于教育领域中教育家型的实践工作者，区域教育名师、名家和领军人才的培养与发展。我们将持续引进教育发达国家和地区的教育案例，结合中国的实际情况开展本土实践，为中国培养具有国际视野、家国情怀的教育领导者。

期待各位关注校长领导力发展的教育同行，用开放的心态接受各种可能性，并为自己的理想和愿景付出行动。期待与您一路同行！

秦晓虹

北京师范大学继续教育与教师培训学院 EDP 中心主任

目　　录

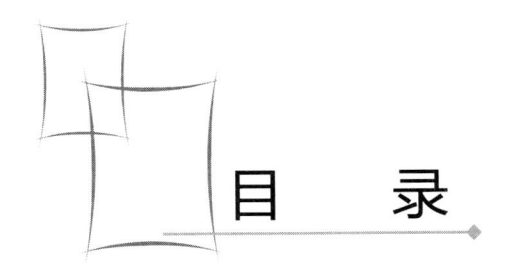

第 1 部分　为什么要讲领导力

第 1 章　校长领导力发展框架 7
　　谁将从中受益 9
　　打造领导力的两种路径 9

第 2 章　成长为反思型领导者 14
　　校长的持续性反思实践 16
　　与校长领导力发展框架相关的校长持续性反思 18
　　反思性循环 23
　　向领导力优化阶段前行 26

第 2 部分　校长领导力建设

第 3 章　校长作为愿景式领导者 31
　　判断标准一：能够阐明、沟通、引领对学校使命和愿景的
　　　　协同实施及不断改进 32

判断标准二：能够根据学校使命和愿景，梳理所有的决策、
　　　　实践、政策和资源（人力资本、时间、预算和设备）.................33

　　判断标准三：能够推进短期和长期学校发展计划的协同创建、
　　　　监督和优化..35

　　判断标准四：能够推动学区和学校支持共同使命和愿景，并为
　　　　达到这一目的而努力..37

　　成长为愿景式领导者：反思性成长策略...38

　　判断标准一...40

　　判断标准二...43

　　判断标准三...46

　　判断标准四...50

　　如何着手进行...52

　　自我评估指南说明...54

第 4 章　校长作为教学领导者...56

　　判断标准一：能够培养充满活力的专业学习共同体，
　　　　培养全体员工的协作能力..57

　　判断标准二：能够通过差异化监督、辅导、反馈和评估来
　　　　培养全体员工的个人能力..59

　　判断标准三：能够确保严谨的课程、以研究为基础的最佳教学
　　　　实践、形成性和总结性综合评价方法的一致性..............60

　　判断标准四：能够推动使用实时数据监测系统对教师、团队和
　　　　学校进行指导和干预..62

　　成长为教学领导者：反思性成长策略...64

　　判断标准一...65

判断标准二 69

判断标准三 72

判断标准四 75

如何着手进行 77

自我评估指南说明 80

第 5 章　校长作为组织型领导者 81

判断标准一：能够始终优先考虑建立和培养有利于儿童全面发展的环境：健康、安全、投入、支持和挑战 82

判断标准二：能够在家长群体、地区、商界、政界和更大的社区范围内建立和培育伙伴关系，以支持学校使命和愿景的实现 83

判断标准三：能够通过评估、分析和预测新趋势，与全体员工和学校一起采用精通变革的方法，推动并引导积极的改变 85

判断标准四：能够保护社区的价值观、道德观和公平做法，倡导面向所有儿童，重视多元化 87

判断标准五：能够制定政策和措施，培养具有反思精神的员工 88

成长为组织型领导者：反思性成长策略 90

判断标准一 92

判断标准二 94

判断标准三 97

判断标准四 99

判断标准五 102

如何着手进行 105

自我评估指南说明...107

第6章　校长作为学习型和合作型领导者　109

判断标准一：能够提供深入、持续、适当的专业学习机会，
从而提高学生的学习成绩...110

判断标准二：能够从内部发掘领导者，培养分布式领导、
集体责任和协作决策的环境...112

判断标准三：能够形成反思性实践、自信、谦逊、坚韧且
乐于不断成长和终身学习的模式.................................113

判断标准四：能够定期参与专业学习组织、实践共同体和
领导者圈子的活动...115

成长为学习型和合作型领导者：反思性成长策略.....................117

判断标准一...118

判断标准二...122

判断标准三...124

判断标准四...127

如何着手进行...129

自我评估指南说明...131

第7章　反思型领导者即将到来　133

领导力问题...134

作者最后的想法...135

附录A　反思型领导者规划模板　136

附录B　反思型领导成长的策略　137

第 1 部分

为什么要讲领导力

The Principal Influence

The Principal Influence

"领导力",把这个简单的词输入任何互联网搜索引擎,一转眼就会出现数以百万计的搜索结果。进一步调查之后,你就会更加确认:领导力是一个复杂、微妙、精细和动态的概念。在我们的学校、学区和教育系统中,我们必须有领导者——优秀的领导者——来满足社会对教育成果的要求。就像Stronge、Richard 和 Catano 所说的:"就这个问题而言,在教育及其他任何行业,实现成功必不可少的一个因素就是有效的领导力。"(2008, p.Xii)

每次对教育领导力的讨论都免不了提及学校校长——一个综合了中层管理纷繁复杂且琐碎工作的角色,其工作远不止维护固有资产,还有咨询、预算、激励、教育、学习、训练、评估、保护、赞美、安慰及各种数不清的任务。从这个方面讲,校长其实就是首席学习官(Chief Learning Officer, CLO),同时还肩负着提升学生成绩的重任。

简单来说,在现今的教育领域,校长大概是最具影响力的职业。这种说法并没有削弱学区总监、国务院官员、议员、美国教育部长以及专业教师和教育工作者团队在改善儿童生活上的影响,相反,它承认学校管理者在特定职位上的影响。除了校长,还有谁能够在政策和措施之间搭建一座更加坚实的桥梁?

Kenneth Leithwood 及其同事认为:"领导力非常重要,它在学校中对学生学习的影响仅次于教学对学生学习的影响。"(2004, p.3)尤其是,校长必须创建学校文化和基础设施,转变整个学校环境的组织结构、过程和性能,以此来支持有效的教学和学习活动(Childs-Bowen, Moller, &Scrivner, 2000)。

John Hattie 对影响学生成绩的因素进行了元分析(2009),发现前30个因素中(按效应值排列)有27个与学校、教师及课程有关,而这些因素均直接受到校长的影响。另外,尤伯研究员(über-researcher)Bob Marzano 也说,可以把领导力看作"学校有效改革中唯一且最重要的因素"(2003.p.172)。最后,我们也非常喜欢著名学校领导力专家 Douglas Reeves 说的那句简单明了

的话："领导力至关重要。"（2009, p.107）

校长的持续发展问题亟待解决

在问责制时代，对于校长的要求空前宽泛且任务艰巨。众所周知，公众对教育成果需求的增加和对教育的全面撤资奇怪地结合在一起，这种现象导致校长这一工作变成了以压力、不断变化的目标、高度的责任和大量的人员流动为特征的职业。遗憾的是，目前的报告表明超过 1/5 的新校长在两年内离职已经司空见惯（Burkhauser, Gates, Hamilton, & Ikemoto, 2012）。

令人担忧的是，未来教学西部教育中心（WestEd Center for the Future of Teaching and Learning）的报告显示，校长们正面临着各种各样的压力，而这些压力最终可能会让他们无法胜任这份工作（Bland et al., 2011）。我们好像在从两端拽绳子：有效的校长领导对于学校的成功至关重要，但实际上，这项工作本身是不可能完成的。频繁的离职、严峻的挑战、压倒性的责任以及压力过大的校长对孩子、教师、学区或社会的未来都不利。看来是时候提供相关支持推进学校校长的持续成长和发展了。

领导力建设

"如果我们要像教育企业家一样在竞争激烈的社会中获得成功，那么就要用全面可持续发展的态度，而不是用简单粗暴的方式顺应领导力的发展。"（Stronge et al., 2008, p. xii）如果校长是教育引擎中如此重要的驱动者，那么作为教育工作者，我们有必要全面而详细地描述有效的领导方法。为此，鉴于美国监督和课程开发协会（Association for Supervision and Curriculum Development，ASCD）在开展有效的领导力研究并将其应用于学校和地区方面有着悠久的历史，ASCD 于 2008 年首次推出了校长领导力发展框架。

The Principal Influence

基于目前和新兴的有效学校领导力的研究成果，并结合2008年州际学校领导力许可联盟（Interstate School Leadership Licensure Consortium，ISLLC）标准（明确倾向于教学领导力），最初的ASCD领导力发展框架为如何成为成功的校长提供了指导方针。该文件由ASCD内部领导、学校和地区领导组成的外部团队、国务院教育部门领导以及ASCD具有领导力发展专业知识的教员共同创建、审查和完善，历时18个月，为呈现有效的教学领导力的核心特征提供了合适的框架。

多年来，随着校长这一角色不断演化，以及ISLLC标准及其他领导力标准的不断修订和修编，ASCD也从中得到启发，对其内容进行了更新，现将其命名为"校长领导力发展框架"（Principal Leadership Development Framework，PLDF），以更好地解决一些关键问题。

有效的校本教学领导力（Instructional Leadership）是什么样的？ ASCD的校长领导力发展框架建立了一个简明、清晰、优秀的领导者形象，即作为成功的校长需必备哪些知识、技能、性格和行动。它从根本上为我们领导者的持续成长和发展提供了明确的目标。

这个框架有什么独特之处？ 在过去的七十多年中，ASCD通过调查、研究、提出和明晰优秀的学校领导者的特点、行为、态度和方法，引领了以研究为基础的教育最佳实践的讨论，树立了品牌和声誉。扫一眼校长领导力发展框架就会发现，它明显倾向于教学领导者——而不是学校管理者的职责。

该框架如何支持校长的发展？ 有两种不同的路径可以获取和使用这一工具：学校层面和学区层面。

- 有了明确的目标，校长、副校长和储备校长（Aspiring Principals）就可以解决他们自己的专业发展需求。路径一为领导者个人制订和执行计划，以支持持续专业发展必需的实践、组织结构和过程。
- 该框架的内容和描述可以整合到针对学区领导者的持续发展以及校长、

副校长和储备校长的培训项目的设计中来。路径二阐述了如何通过督导员或其他学区领导者为培养学校领导者提供支持。

这两种路径在第 1 章中会有更加详细的解释。

引领该框架的哲学思维是什么？ 校长领导力发展框架基于这样的信念，即领导者个人和领导团队的发展会带动整个学校和系统的发展，从而对学生的学习产生积极的影响。就像我们必须通过培养教师的能力来支持教学的持续发展和教学成效一样，我们也必须通过不断的学习和反思实践来培养领导者的能力。这一定位为我们的框架提供了坚实的基础，让所有的途径都密不可分地联系在一起。

反思活动如何融入发展框架？ 有效的领导行为列表可以为领导者提供清晰的目标，这是一个必要但不充分的条件，而明确、彻底且持续的反思才会起到决定性的作用。优秀的领导者必须意识到自身的现实情况，做到有的放矢并能够预判自己行为的有效性，同时在必要时调整路线。在第 2 章，我们将校长领导力发展框架和校长的持续自我反思和反思性循环（Hall & Simeral, 2008, 2015）联系起来，这几个方法的有力结合可以帮助校长明确和强化他们的反思习惯。你会看到本书通篇都清晰地将反思训练渗透到各个部分，确实，自我反思就是让我们的信念和行动连接起来的纽带，也会带领我们最终获得在领导力方面的成功。

持久的领导力

在任何学校中，领导力都是至关重要的。培养有效的学校领导者是一种里程碑式的重大任务，由领导者自己和他们学区的相应领导者共同承担。

从揭开有效领导行为的神秘面纱，到阐明个人的领导能力和集体的系统需求，学区官员和校长就持续成长展开合作，可以对最终结果产生巨大的影响：提升学生成绩。那么比较理想的策略就是使用 ASCD 校长领导力发展框架，并结合校长的持续自我反思和反思性循环来达到这一目的。

这种成长导向的方法，可以与任何教育工作者的成效模式、校长评估模式或学区已有的领导力判断标准进行互补，支持持续专业成长的目标设定、规划与策略发展，通过增强自我反思能力，从能力培养方面对系统、学校和领导者个人产生持久的影响。

第 1 章

校长领导力发展框架

关于有效领导力的特定技能和策略方面，很多理论和方法都有提到，但这些理论和方法都是试图涵盖各个方面，结果变得非常繁杂、耗费精力却收效甚微。而由出色的研究者、教育思想家和实践者在此基础上建立的 ASCD 校长领导力发展框架则强调了校长的四个关键角色，这些角色都与教学领导力直接相关：

- 校长作为愿景式领导者；
- 校长作为教学领导者；
- 校长作为组织型领导者；
- 校长作为学习型和合作型领导者。

另外，校长领导力发展框架提出了 17 条有效实践的判断标准，侧重于那些对特定学校内的文化、学习和教学状况产生最大且最直接影响的领导行为（见表 1.1）。

表1.1 ASCD校长领导力发展框架

校长作为愿景式领导者

1. 阐明、沟通、引领对学校使命和愿景的协同实施及不断改进。
2. 根据学校使命和愿景,梳理所有的决策、实践、政策和资源(人力资本、时间、预算和设备)。
3. 推进短期和长期学校发展计划的协同创建、监督和优化。
4. 推动学区和学校支持共同使命和愿景,并为达到这一目的而努力。

校长作为教学领导者

1. 培养充满活力的专业学习共同体,培养全体员工的协作能力。
2. 通过差异化监督、辅导、反馈和评估来培养全体员工的个人能力。
3. 确保严谨的课程、以研究为基础的最佳教学实践、形成性和总结性综合评价方法的一致性。
4. 推动使用实时数据监测系统对教师、团队和学校进行指导和干预。

校长作为组织型领导者

1. 始终优先考虑建立和培养有利于儿童全面发展的环境:健康、安全、投入、支持和挑战。
2. 在家长群体、地区、商界、政界和更大的社区范围内建立和培育伙伴关系,以支持学校使命和愿景的实现。
3. 通过评估、分析和预测新趋势,与全体员工和学校一起采用精通变革的方法,推动并引导积极的改变。
4. 保护社区的价值观、道德观和公平做法,倡导面向所有儿童,重视多元化。
5. 制定政策和措施,培养具有反思精神的员工。

校长作为学习型和合作型领导者

1. 提供深入、持续、适当的专业学习机会,从而提高学生的学习成绩。
2. 从内部发掘领导者,培养分布式领导、集体责任和协作决策的环境。
3. 形成反思性实践、自信、谦逊、坚韧且乐于不断成长和终身学习的模式。
4. 定期参与专业学习组织、实践共同体和领导者圈子的活动。

随后的第3~6章会对校长的不同角色和判断标准进行详细介绍。同时要明确一下：这并不是一个关于校长角色和职责面面俱到的内容列表，因为这一工作很复杂，处理起来并不容易。另外，这并不适用于评估校长，其目的是提供明确目标以促进校长的持续成长和进步。该框架的有效使用和应用将确保当前和未来的校长——以及那些支持他们的人——对与教学领导最密切相关的行动有一个全面和准确的认识。

谁将从中受益

简单来说，就是领导者（学校层面和学区层面）。尽管在本书中我们通篇使用了"校长"一词，但是这些角色、方法和策略适用于学校各个层面的领导者，包括副校长、储备校长、主任、教学带头人、学校领导班子成员以及其他在运营方面担任实际领导角色的人。另外，该发展框架还提出了与当前及未来领导者发展相关的学区领导（学区总监、学区督导员、副总监、校长督导员及其他人）应遵循的判断标准和指南。学区领导者（可能包括课程协调员和专家）可以将确定的一些策略纳入他们的常规专业实践，来加强他们的教学领导实践。

打造领导力的两种路径

在前文中谈到获取和使用领导力发展框架有如下两种路径。

- 路径一：领导者个人制订和执行计划，以支持持续专业成长所必需的实践、组织结构和过程。
- 路径二：框架中的内容和说明可纳入针对学区领导者的持续发展以及校长、副校长和储备校长的培训项目的设计中。

图 1.1 对这两个路径进行了说明，随后还有更详细的描述。

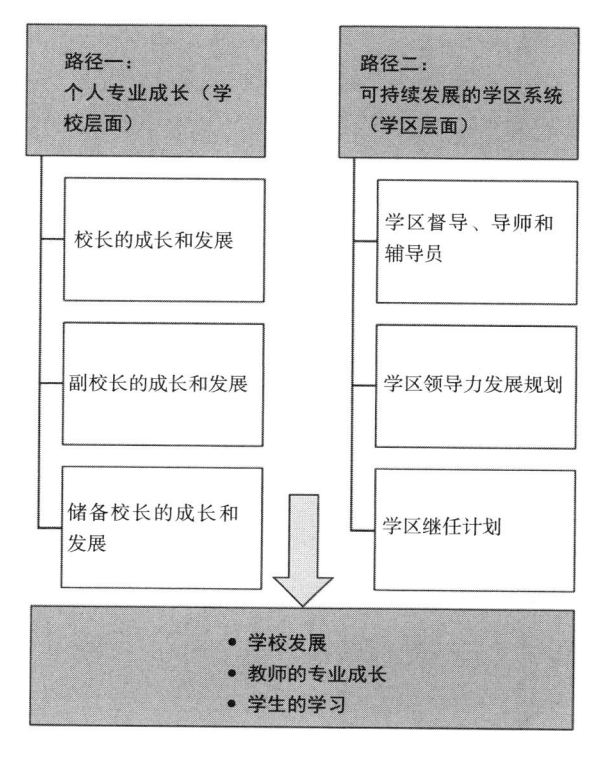

```
┌─────────────────┐      ┌─────────────────┐
│ 路径一：         │      │ 路径二：         │
│ 个人专业成长（学 │      │ 可持续发展的学区系统│
│ 校层面）         │      │ （学区层面）      │
└────────┬────────┘      └────────┬────────┘
         │                         │
    ┌────▼────────┐          ┌────▼──────────┐
    │ 校长的成长和 │          │ 学区督导、导师和│
    │ 发展         │          │ 辅导员         │
    └─────────────┘          └───────────────┘
    ┌─────────────┐          ┌───────────────┐
    │ 副校长的成长和│          │ 学区领导力发展规划│
    │ 发展         │          │               │
    └─────────────┘          └───────────────┘
    ┌─────────────┐          ┌───────────────┐
    │ 储备校长的成长│          │ 学区继任计划   │
    │ 和发展       │          │               │
    └─────────────┘          └───────────────┘
```

┌─────────────────────────────────┐
│ • 学校发展   │
│ • 教师的专业成长   │
│ • 学生的学习   │
└─────────────────────────────────┘

图1.1　获得和使用 ASCD 校长领导力发展框架的两种路径

路径一：个人专业成长

要创建对学生学习影响最大的有效学校，需要所有领导者的共同努力，而且专业的学习经验也必须遵循一套特定的原则。

校长的成长和发展

追求新知识，不断提高，增加无穷无尽的领导力技能，这是优秀的学校领导者的标志性特征（Marzano, Waters, & McNulty, 2005）。在任校长不管是新任命的、处于职业发展中期的，还是资深教育家，都可以从关键战略的确定和创建、有针对性的目标设置和深思熟虑的嵌入式工作计划中获益，从而从反思性领导力实践中获得发展。的确，校长是本框架的核心，所以才有了这个名字：校长领导力发展框架。校长们可以用这个工具来驾驭自身的专业学习，促进自己的反思活动和发展自己的专有知识。值得庆幸的是，正如 Doug Reeves 所强调的那样，"优秀的领导能力是一种后天习得的技能"（2002, p.4）。

副校长的成长和发展

在教育领域，副校长扮演的是最活跃、最基本、最变动不定的角色，这就需要他们具备一套特定技能和素质（Pounder & Crow, 2005）。与此同时，副校长是下一个领导学校进行教学的人，但他们往往在没有准备好进行有效领导的情况下担任校长。副校长一般都会担任首席纪律督导员，组织体育活动，支持学校管理，领导课外活动，并履行"其他指定的职责"。在问责制时代，这些"其他职责"必须包括教学领导力。在领导力发展规划中，副校长和储备校长（甚至教师领导者）的任务应该全面反映校长的任务（Gallup,Inc.,2012）。校长领导力发展框架为工作嵌入式领导力发展活动提供了方向和支持，用于帮助这些角色中每个人的成长和转变。

储备校长的成长和发展

在开始担任校长之前，储备校长就必须对这个职位的要求有一个准确的认识。校长领导力发展框架阐明了有效领导的必备行为和方法，它可以帮助告知职前管理人员有意识地准备策略，并在地区人员"挑选"领导角色候选人时指导他们（Pounder & Crow, 2005）。储备校长往往是学校事实上的领导者——其实，教师领导者对其同行和其他学校领导者也产生了很大的影响，这说明了变革同时具有自上而下和自下而上的性质（Reeves, 2008）。在这种情况下，校长领导力发展框架也会结合教师领导者的日常工作和职责，以便从他们当前的角色中培养他们的领导能力。

路径二：可持续发展的学区系统

"可持续性"这一最为大众认可的概念可以追溯到1987年的联合国会议。

在第 96 届联合国大会全体会议中,"可持续发展"被定义为"既满足当代人的需求,同时又不损害后代人满足其需求的发展"(联合国,1987)。各学区目前面临的任务是建立可持续的、可再生的、支持子孙后代发展的领导力发展体系。考虑到这一点,校长领导力发展框架提供了关于设计此体系的方式和内容的见解。

学区督导员、导师和辅导员

学区工作人员长期面临着这样的困难,即不知道如何引领、激励和指导校长的专业发展。有些问题令人望而却步:我们如何领导这些领导者?学区领导者秉持着可持续发展的理念和成长型思维模式(Dweck, 2006),并以此影响现任校长的思考、决策、计划和行动。如果专业发展包括如工作嵌入式的训练和反馈之类的内容,教育工作者可以以大约 95%的增长速度运用他们新学的知识和技能(Joyce & Showers, 1982)。校长领导力发展框架提供了很多工具可以帮助学区领导者处理领导班子发展的重大任务。

学区领导力发展规划

从学区角度来看,在职级内发展领导才能是最重要的工作。每一位中央或学区办公室的成员都必须了解有效的领导方法,并采取相应的行动。校长领导力发展框架协助建立有活力及严谨的领导力发展计划,包括中央办公室职员,使学区能够系统性地处理对学生成绩有积极影响的领导力建设。的确,"领导力对于学校的实效性至关重要"(Marzano et al., 2005, p.4)。因此,要确保未来有能力担任要职的领导人组成强大的团队,这对地区的效率和生存都是至关重要的。

学区继任计划

有 20%的校长在第一次任期的一到两年内就离开了自己的学校,这种情况造成了影响教学和学生成绩的多米诺骨牌效应(Burkhauser et al., 2012)。

一个学区的各个学校都有特定的需求，一定程度上是由其独特的人口结构、气候、文化和当前的实际环境决定的。实时进行需求评估，并根据校长的能力分配特定的任务，可以确保你在正确的时间里有"正确的人处于正确的位置"（Collins, 2001, p.41）。继任计划有助于各学区能够将重心放在领导能力发展及专业发展的机会上（Hall, Salamone, & Standley, 2009）。当校长离职时，学区可以保持自己原来的教学进程或转移重心。学区的责任是在领导力变革进程中，确保平稳、有序、计划缜密地过渡，并能持续关注领导力变革的成功进展。校长领导力发展框架中的一些策略可以支持这种继任计划。

第 2 章

成长为反思型领导者

本杰明·富兰克林（Benjamin Franklin）曾经说过："当你研究过所有的人之后，你就会成为那个最棒的。"有了这一信念，我们就可以朝着领导者的道路前行了。因为，首先只有足够了解自己，才能使我们在培养自己的领导能力时更有目的性。用约翰·杜威（John Dewey）的话来说："自我不是一生下来就形成的，而是通过自己的行为选择不断形成的。"（Dewey, 1933, p.235）那么在校长领导力发展框架中我们如何更好地理解领导者这一身份呢？我们怎么样才能拥有远见卓识的能力（愿景力）？或者教学领导力？或者组织型领导者的能力？或者学习型和合作型领导者的能力？本书中我们用到的工具就是"持续性反思"（Continuum of Self-Reflection，CSR）。

持续性反思的第一次更迭在《培养教师成功的能力》（Building Teachers' Capacity for Success）一书中有详细描述（Hall & Simeral, 2008）。Hall 和 Simeral 的研究跨越了杜威的开创性著作《我们如何思考》（How We Think, 1910），他们描述了教师在熟练掌握自我反思艺术的过程中所经历的四个发展阶段，通过这些阶段，教师在自我反思的艺术中变得从"无意识阶段"，到"有

第 2 章 成长为反思型领导者

意识阶段",再到"行动阶段",最后到"优化阶段"(见图 2.1)。Hall 和 Simeral 强调,它的核心——持续性(Continuum)是一种工具,它可以帮助学校领导者理解教师的精神状态,并鼓励他们形成深入的反思习惯(2008, p. 40)。

无意识阶段 → 有意识阶段 → 行动阶段 → 优化阶段

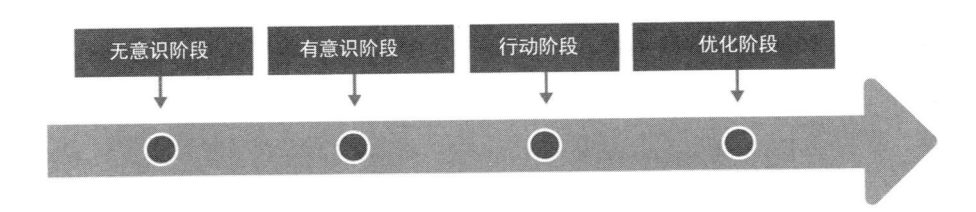

图 2.1 持续性反思

接下来,校长的持续性反思(Principal's Version of the Continuum of Self-Reflection,P-CSR)中用到的行为描述与校长领导力发展框架不同,它主要是为了帮助学校领导者——所有的学校领导者——了解他们目前的思想状态,帮助他们明确特定的行为,使他们形成更有意义的反思习惯。

大家想得没错,校长在反思自己的专业经历和职责方面的方式、深度、频率和准确度上是因人而异的。如表 2.1 所示,校长的持续性反思主要也是由四个相同的阶段组成的:无意识、有意识、行动和优化。尽管这些阶段是渐进的,但它们所定义的范围不是绝对的。事实上,每个人都可以同时具有多个阶段的特点,但根据领导力判断标准可以思考他们所处的特定阶段。该工具的目的是帮助领导者理解他们当前的思想状态,找出能够培养深入反思的习惯的方法。

表 2.1 校长的持续性反思

	无意识阶段	有意识阶段	行动阶段	优化阶段
反思倾向	• 在学校和微妙的文化背景下,很少或根本没有意识到当前的	• 经常是知道但并不去做 • 对一些问题	• 对学生、学校员工和自己的成功负责任	• 认识到每个问题都有多种解决方法 • 维护并寻求大量的

15

续表

	无意识阶段	有意识阶段	行动阶段	优化阶段
反思倾向	现实 • 按照固有的惯例做事 • 对学校的迫切需求经常会做出情绪化或冲动的反应 • 只关注工作本身——校长自己的任务	和情况能够做出解释 • 对需要采取行动的方面理解有误 • 首先关注自身以及校长的角色本身	• 对当前的情况能进行客观评价 • 寻求问题的解决方法 • 专注于领导技术、管理资源和根据研究结果实施	领导力策略 • 在必要时调整航向，坚持向着共同目标前进 • 关注灵活的领导艺术，争取得到持续的反馈，坚持不懈地进行持续改进

校长的持续性反思实践

为了帮助我们了解 P-CSR 以及校长的想法如何影响其领导行为，请看以下假设的例子。在我们研究虚构（但符合真实情况）的 Tim 校长的领导力实践时，看看你是否能够识别 P-CSR 中的行为描述。

Tim 在开始他第八年的任期时，在一个学区全体行政会议上碰到了一个受人尊敬的同事——Jade。交谈时，Tim 得知 Jade 正在准备接下来的月度员工会议。Tim 惊叹道："哇！你是怎么做到每月开员工会议的呢？我以为所有的校长都是每周举行一次会议。我不能一整周都不和我的员工接触，因为事情实在是太多了。"

Tim 向 Jade 提了很多问题，Jade 就跟 Tim 分享了她的经验：她尽力尊重教师的时间，每天发送一封电子邮件，这样就能够让全体员工了解接下来的活动以及工作安排，她把重要的交流时间放在了每月的例会上。她说这样可以腾出时间，让她培育学校的愿景，让她的教师相互合作，确保能够把他们会面的时间集中起来进行更好的利用。

Tim 对这种理念感到惊讶。自从七年前他继任校长，他一直是每周举行

第 2 章 成长为反思型领导者

全体员工例会，在他们学校一贯都是这么做的。他从未花时间去思考如果改变这一做法会有什么影响或出现什么可能。在这个故事中，Tim 肯定是处于持续性反思的无意识阶段。除了他用过的，他也没有想过或学过任何不同但可能更有效的方法来满足学校的特定需求。

"试试看，"Jade 鼓励他说，"你的教师会觉得受到了尊重并且感激你，而你会惊讶地发现，你有那么多的时间可以用来做真正重要的事情，那就是富有远见的工作。"Tim 边走边琢磨这个问题，这个办法既新颖又别致，却看起来相当简单，因此他决定试一下。

四周时间很快过去了，一开始看似不错的计划很快就失败了。Tim 发现，每天给员工发一封电子邮件需要付出的努力比他原先认为的更多。他很难集中注意力做这个事情，即便他写了备注留言，那时候也太晚了。教师们一开始很开心能够有一些额外的时间，但才过了两周，教师们就开始抱怨"不知道怎么回事"了。更糟的是，Tim 并没有意识到他是一个多么喜欢亲自动手的管理者，他真是不太愿意放开那点控制权。每周例会可以让他有机会跟员工沟通，可是如果没有了这个机会，他就会觉得孤立无援。到了第三周，他就重新安排了员工会议，还是定在每个周五的上午。在持续性反思中，Tim 已经开始从"无意识阶段"进入"有意识阶段"，他已经意识到某个策略可能效果更好，但是他还是不能持续地、有目的地去实施。

没过多久，Jade 打电话给 Tim，希望能了解一下这个新方法的执行情况。Tim 有点不好意思地承认他这么轻易就放弃了。他们决定本周晚些时候见面，解决出现的每一个问题。在进行了深入的讨论后，Tim 带着新的决心重新开始进行每月一次的员工例会。他又重新安排了每天早上的日程，把每天发邮件给员工放在第一位。为了更好地了解学校的最新动态，他开始每天在校园走动了解情况，并给相关人员提供很多反馈意见。他的员工很感激他对教学的关注和对实时邮件的用心。在新规实行的第三周，Tim 感到一种前所未有的成功。他已经可以将新知识转化为对应的行动，并且取得了相应的成就。

这说明，在持续性反思中，Tim 已经进入了"行动阶段"。

随着自信心的增强，Tim 开始重新思考其他的例行常规。他和 Jade 每个月都会多次见面，讨论时间管理问题，分享提高工作效率的方法。他开始搜索相关话题的文章和博客，很快就能区分哪些策略能够适用于自己的情况，而哪些不能。这种复杂的思维水平在持续性反思中被称为"优化阶段"。通过深入的思考、有意识的行动，以及对他自己领导方式的持续评估，Tim 通过使用自我反思训练让自己慢慢成为一个合格的领导者。

与校长领导力发展框架相关的校长持续性反思

从职位和领导任务来看，Tim 可以是我们中的任何一个。当 Tim 形成了反思性思维，做事有了目的性，他也会与同事进行合作，深化自己的思考，优化自己的方法。最主要的是，他丰富的思考直接提高了自己的工作效率。

从表 2.2 可以看出，校长的持续性反思与校长领导力发展框架是相一致的。你可以将每个阶段对应的行为描述当作参考，而不是当作进入下一阶段前必须做到的行为。简言之，这个工具可以帮助校长认识到他们的工作应该达到什么样的深度。校长领导力发展框架概述了"有效实践"一词，它只有目标明确时才能发挥作用。如果我们想朝着"我要去向哪里"（目标）的目标发展，那么我们必须同时问"我现在在哪里"（现状）以及"我怎么去那里"（路径）（Stiggins, Arter, Chappuis, & Chappuis, 2004）。

表 2.2 每一列中的行为描述都提供了很有价值的方法，帮助评估个人的反思状态，帮助校长建立特有的想法和行为意识。通读完从"无意识阶段"到"优化阶段"的领导行为描述，你会有很清晰的方法指导处在优化阶段的校长的思想和行为。第 3~6 章将会分别从更深层次解读校长的四种角色和每个角色的特征。

第 2 章　成长为反思型领导者

表 2.2　与校长领导力发展框架相关的校长持续性反思

校长作为愿景式领导者

无意识阶段（关注培养意识）	有意识阶段（关注计划性及变更的目的性）	行动阶段（关注精确评估行动影响力）	优化阶段（关注更积极的回应）
• 不理解或发挥不了个人在学校使命和愿景方面的影响力	• 理解学校的使命及愿景	• 清楚表达并传达学校使命及愿景	• 沟通、实施并不断调整有关学校的使命、愿景和改进计划
• 进行资源分配、参与活动，但这些与学校的使命及愿景不一致	• 解决一些问题，但不能完全结合学校的使命和愿景的需求	• 将学校的使命和愿景与学校的决策、行动和资源结合起来	• 基于所有的决策、行动资源进行权衡，执行维护学校的使命、愿景及改进计划
• 采取的行动可能也可能不会将学校改进计划的需求考虑在内	• 基于需求评估数据推动学校改进计划的发展和应用	• 基于需求评估数据协同创建、监督和优化学校改进计划
• 用学校需求评估计划做出的决策也可能不会结合学校使命及愿景	• 可能会也可能不会结合学校使命及愿景做出决策	• 用学校的使命及愿景为行动和决策提供理论依据	• 推动并参与者合作，创新、支持和提升学校的使命和愿景
• 做出的决策可能相关或违背学校使命及愿景

续表

校长作为教学领导者

无意识阶段	有意识阶段	行动阶段	优化阶段
关注培养意识	关注计划性以及变更的目的性	关注精确评估行动影响力	关注更积极的回应
• 尚未制定建设专业学习共同体的具体步骤	• 组织学校员工参加一些专业学习共同体相关的活动	• 促进专业学习共同体关工作的实施	• 培养有朝气的、公平的、以学生为中心的专业学习共同体,培养全体员工的协作能力
• 坚持进行常规的观察活动,但也仅限于此	• 能够完成正式的教学评估过程,可能也可能不会采取进一步的行动	• 对教学进行监督和管理,为教师提供反馈	• 通过差异化监督、辅导和评估活动,培养全体员工的个人能力和协作能力
• 维持课程、教学和评估的现状	• 采取行动改进课程、教学和评估活动	• 协调课程、教学和评估活动	• 确保将课程、教学和评估与学生需求结合起来
• 不了解也不不使用现有数据(如学生、员工、学校等相关数据)	• 收集数据,可能会也可能不会用它来改进自己的行动计划	• 分析数据,制订和优化行动计划	• 提升监测系统,使用实时数据指导团队和教师的教学和干预决策

20

第 2 章　成长为反思型领导者

续表

校长作为组织型领导者

无意识阶段	有意识阶段	行动阶段	优化阶段
• 管理学校的日常运行，但不强调儿童全面发展宗旨	• 了解儿童全面发展宗旨，但没有具体的推行方案	• 制定组织结构和操作流程，推行儿童全面发展宗旨	• 始终优先考虑创设有利于儿童全面发展宗旨的环境
• 不寻求与外部机构和组织合作的机会	• 在需要或被要求的情况下，与外部机构进行合作	• 与外部机构和组织主动地建立联系	• 创建、培养并维持与外部机构和组织的合作关系，用以支持学校的使命和愿景
• 允许变革阻碍学校的运作或中断学校的运作	• 抗拒变革，而且或者对于变化的环境能做到立即行动	• 将变革视为学习和成长的机会	• 通过评估、分析和预测新趋势引领积极的变革过程
• 完成任务，但不考虑社会公正、公平和多元化的问题	• 愿意解决有关社会公正、公平和多元化的问题	• 执行一定的组织结构和操作流程，支持多元化，提升文化资产的影响力，为学校提供公平和公正	• 维护社区价值观，通过支持所有孩子得到公平教育，表达对多元化社会的认可
• 认为没有必要将员工培养成反思型教育工作者	• 认识到有必要制定政策和措施，把员工培养成反思型教育工作者	• 与大家合作制定政策和活动，将员工培养为反思型教育工作者	• 引领政策的实施，将员工培养为反思型教育工作者

21

续表

校长作为学习型和合作型领导者

无意识阶段	有意识阶段	行动阶段	优化阶段
• 愿意进行专业发展，并将此作为员工的增值服务	• 提供资源支持专业发展工作，该工作可能也可能不会与使命和愿景相关	• 为支持学校使命、愿景和需求的员工安排专业发展机会	• 根据学校使命、愿景和既定需求，为个人和员工提供持续的、工作嵌入式的专业学习机会
• 接受学校的等级管理制度，并遵循既定的决策程序	• 将一些需要共同决策的活动和工作纳入领导班子内部	• 通过共同进行决策的机制为其他领导者提供展现自己的机会	• 培养内部领导者，营造权力共享和共同决策的文化氛围
• 没有表现出尝试与本土价值观、持续发展和终身学习相结合的行为	• 其行为可能会也可能不会与个人和全体员工的本土价值观、持续发展和终身学习相一致	• 努力作为反思性实践者，谦逊、坚韧且乐于不断成长和终身学习的表率，同时也鼓励员工这样做	• 作为反思性实践、自信、谦逊、坚韧且乐于不断成长参与实践共同体、领导子及专业学习组织的活动
• 独立工作，不寻求实践共同体或专业学习组织的支持	• 偶尔会考虑加入实践共同体或专业学习组织	• 通过实践共同体、领导者圈子和专业学习组织与同行交流	• 定期参与实践共同体、领导者圈子及专业学习组织的活动

第 2 章 成长为反思型领导者

反思性循环

约翰·杜威（1910）将自我反思定义为"思考自己的思想"。如果你把校长的持续性自我反思过程看作一条尘土飞扬的漫长公路上的一站，那么反思性循环（见图 2.2）就是把你带到终点的工具：成为一个反思型的领导者。你会发现车轮在"无意识阶段"有时会启动得比较缓慢，在经过"有意识阶段"时，会有一两次停滞不前，最终从"行动阶段"前进到"优化阶段"时，它有了动力，开始加速运转，而这个阶段正是由反思型领导者自己把握的。

我如何对自身评估的结果和学校不断变革的需求做出回应？

我对学校的教学状况、目前的现实和需求及我的领导作用了解多少？

调整行为的能力　　对领导力情境的意识

精准评估的能力　　行动的目的性

我如何知道我的领导行为对全体员工和学校是否有积极影响？

我如何有意识地调整决策、行动、政策和资源以满足我们的需求？

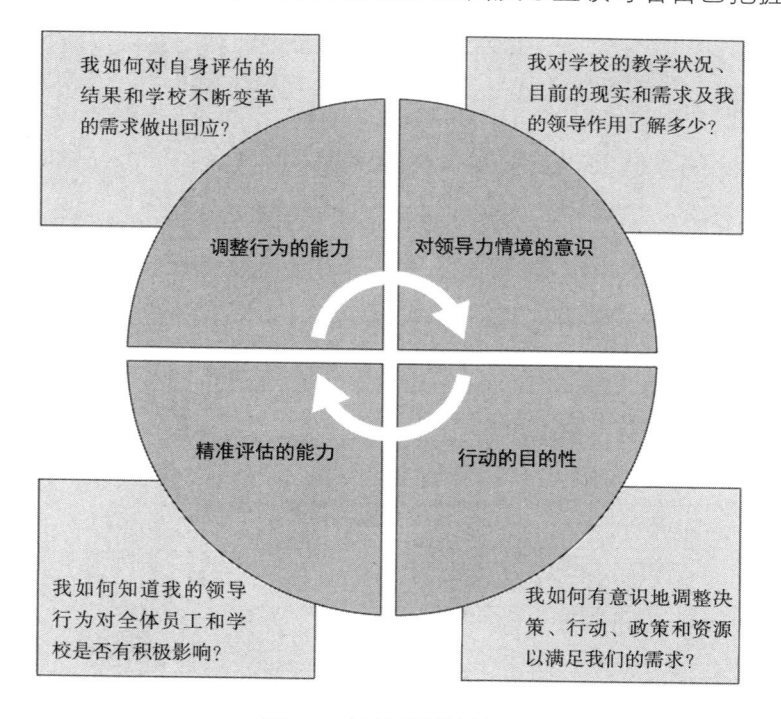

图 2.2　校长反思性循环

我们放大一点，看看这次进程中推动我们前进的工具。我们首先明确四个特点（或者叫作特质、行为或思维习惯），它们可以合起来共同定义什么是有效、精确的反思行为。这四个元素对厘清我们如何思考,以及我们的思考如何影响我们的专业表现是至关重要的。

所有的领导者在不同程度上都表现出与以下四个领域相关的技能和倾向:对领导力情境的意识、行动的目的性、精准评估的能力和调整行为的能力。这些技能、习惯和反思的精确性的梯度是按比例浮动或以持续性表现出来的,这就是持续性反思。

有趣的是,自我反思的发展趋势往往遵循重复的(和可重复的)模式,我们称为反思性循环。领导者必须在采取有意识的行动之前,先培养自己的意识;在评估行为的效果之前,先进行有意识的活动;在制定干预措施之前,先确定其影响。校长参与反思性循环的频率将会有助于整体发展和解决"我该多久反思一次"的问题。

反思型教育工作者对其领导情境的了解:我对学校的教学状况、目前的现实和需求及我的领导作用了解多少?

Charlotte Danielson(2007)将意识描述为:全方位地"看到"正在发生的事情。反思型领导者会留意发展中的每个细节,而且还会不断地进行更多的了解。这种敏锐的意识包含了学生数据和模式、公众对学校的看法、教师教学的优势和劣势等方面的知识以及其他各种相关因素。反思是一种"盘点""领导者需要获取的心智模式和伴随行动"的方式(Childs-Bowen, 2007b),还包括校长通过领导行为、言语和行动影响所有上述要素的能力。

反思型教育工作者行动的目的:我如何有意识地调整决策、行动、政策和资源以满足我们的需求?

基于对教学现状的认识,领导者可以更清晰地确定必要的学校改进计划(School Improvement Plan, SIP)的目标,选择课程、教材和专业发展目标;决定员工的工作分配;修订学校政策;执行既定程序,以最佳地满足学校的特定需求。领导者在制定和权衡所有决定和措施时都要带有明确的战略意图。

相信"好的计划是成功的一半",反思型领导者会花时间计划他们的行动并按照计划行事。

反思型教育工作者精确地评估其影响：我如何知道我的领导行为对全体员工和学校是否有积极影响？

一旦领导者参与到事先计划好的、有目的的行动中,那就必须知道具体的行动是否会产生预期的结果。在反思性循环中,第二步就是参与到各种形式的评估中。评估工具的涉及面非常广泛,要根据现状和需求实施,如通过复核程序和标准、群众看法调查、不同学生成果测量、出勤和行为问题、教学审计数据以及其他数据收集方法等,让领导者获悉其领导行为对员工和学校产生了多大程度的积极影响。

反思型教育工作者根据需要调整自己的行动：我如何对自身评估的结果和学校不断变革的需求做出回应？

在反思性循环中,拥有实时评估数据的领导者可以立即调整自己的方法和修改决定,甚至停下来重新组织。这些基于正在进行的形成性评估信息的行动有助于澄清误解,重新校准,提高参与度,并为帮助教职员工和学生取得成功提供了另一种方法。高度反思的领导者意识到他们对于整个学校具有直接的强有力的影响,因此他们总在寻找机会,以积极和支持的方式利用这种影响。

反思型教育工作者参与到不断的反思中：我多久反思一次？

反思是一种习惯,因此必须经过培养。进入反思性循环需要练习、勤奋和专注。反思型教育工作者已经掌握了这个过程,并且似乎是凭直觉就进入了持续性的反思。他们不会等待别人提出一个深思熟虑的想法或建议他们去做某事,相反,他们会不断地对正在形成的现状保持警觉,有意识地做出决策,评估这些决策的影响,并在必要时立即采取行动以纠正错误(Hall & Simeral, 2015)。

向领导力优化阶段前行

我们的反思倾向是不断变化的。当我们形成和强化我们的技能和习惯时，我们就正在沿着校长持续性反思的道路前进，那么最终目的就是达到优化阶段，这一阶段的主要特征是不断地思考和持续地反思。这里没有终点线，只需要朝着一种思维模式努力，我们就能进行更为有效的专业活动。只要我们齐心协力，为校长提供一贯的、个性化和差异化的支持，我们的校长就能朝着这个目标迈进。学校领导专家、作家托马斯·霍尔（Thomas Hoerr）恰如其分地提醒我们："强有力的领导者是艺术家，因为他们认识到，没有一个固定的模式，没有特定的政策，没有一套程序可以永远适用于所有人，甚至任何一个人。"（2005, p.1）

第 2 部分

校长领导力建设

The

Principal

Influence

The Principal Influence

进入本书的第 2 部分，就要准备开始行动了。如校长领导力发展框架中所述，你已全面了解校长的四种角色及成功的判断标准。框架中的校长持续性反思描述了我们的思维和行为之间的联系。你可以随时进行反思性循环，把你的反思能量集中在更有效的领导行为的培养上。现在，我们提供一些可操作的策略来培养你的反思习惯和教学领导能力。

在第 3~6 章校长领导力发展框架的 17 个判断标准中，每一个都有更详尽的描述。每个判断标准都有一个引导性问题——非常确定的是，这是学校领导经常面对的问题——它会引发进一步的讨论。为了回应每一个问题，我们制定了一套行动理论。哈佛大学的 Stacey Childress 和她的同事将行动理论描述为"组织对特定行为和期望结果之间因果关系的共同看法"（Childress, Johnson, Elmore, & Grossman, 2007, p.45）的一种表现。例如，我们相信教师是学生成功的首要决定因素。我们的行动理论就会是：如果我们把资源分配到建设教师的教学能力上，那么我们的教师将会在整个学校系统中更有效地提高学生的成绩。

我们为每个标准提供了两种高效能的策略，选取的都是最具可操作性和最能直接提高领导者绩效的策略。其中很多策略还包含了工具、模板、操作规程和表格（见附录 B）。

记住，这不仅仅是为校长们准备的，也是为学校或学区的领导者准备的。如果你是学校层面的领导者，请你关注路径一（如学校层面）中列举的那些策略。如果你是督导校长的或在学区为领导力发展提供支持的，请关注路径二（如学区层面）中列举的那些策略。别忘了许多策略是可以互换的，并且易于修改，以便满足你（或者你单位）的需求。我们希望你们拥有创造力，保持开放的心态，并接受其中的可能性。

我们还穿插了一些案例研究，将领导力发展框架中的 17 个标准引入实际生活。这仅仅是一些教育工作者的概貌，像你们一样，他们的思想和行动都集中在每个标准对应的明确结果上。这些案例来自各个教育岗位上的工作者，可以帮助说明他们为满足框架中的标准而实施的各种策略。

阅读第 3~6 章时，你会受到启发去实施一些领导力发展策略。对于你选择的每一个策略，使用"焦点反思性问题"（见下表）集中精力，培养你作为学校领导者的反思能力。

焦点反思性问题

- 在"无意识阶段"按特定判断标准进行操作时，为了成长为反思型领导者，要运用每个部分的策略，专注于培养此判断标准中的领导者角色意识。试问自己：
  1. 你主要想达成的目标是什么？
  2. 这个策略会如何帮你完成这个目标？
  3. 这个策略与你通常的做法有何不同之处？
  4. 如果不使用这个策略，事态的现状是怎么样的？

- 在"有意识阶段"按特定判断标准进行操作时，为了成长为反思型领导者，要运用每个部分的策略，专注于此判断标准中的规划和更有意识的领导行为。试问自己：
  1. 你将如何开始实施这个策略？
  2. 对于启动（或者回顾）这个策略，你的时间是怎么安排的？
  3. 这个策略如何适用于你对学校的长期规划？
  4. 你会与谁合作来修订和完善你的规划？

- 在"行动阶段"按特定判断标准进行操作时，为了成长为反思型领导者，要运用每个部分的策略，专注于此判断标准中的精确评估行为的影响。试问自己：
  1. 你最初实施的策略是否达到了预期的效果？
  2. 你是如何知道的？你用什么标准确定其有效性？
  3. 这个策略中有没有比其他策略更成功的地方？
  4. 为什么这个策略是成功的？或者是不成功的？你能准确指出其原因吗？

续表

- 在"优化阶段"按特定判断标准进行操作时,为了成长为反思型领导者,要运用每个部分的策略,专注于在此判断标准中对学校环境动态变化的更积极的回应。试问自己:
  1. 你第一次注意到这个策略的(积极的、消极的或中性的)影响是在什么时候?
  2. 你怎么应对这些信息?
  3. 当你计划实施这个策略时你如何让自己意识到短期和长期目标?
  4. 你如何适应这些策略来更好地达成自己的目标?

记住,校长持续性反思和反思性循环是在校长领导力发展框架中指导和支持成长的工具。如果我们想成为成功的领导者,就必须通过反思并同时采取行动来发展和提高自身能力。当然,我们希望大家记住巴西著名教育家、理论家保罗·弗莱雷(Paulo Friere),他曾提醒我们"反思和行动绝不能独立进行"(Freire, 1970)。

第 3 章

校长作为愿景式领导者

愿景是我们航行的指南针，而学校改进计划是一张地图，它勾勒出了通往目的地的道路。如果没有愿景，我们可能会有一船忠诚、努力、覆盖各个领域的水手，但是我们肯定不会知道自己是否在朝着正确的方向航行，或者我们是否在朝着自己的目标而努力。

校长领导力发展框架中对校长作为愿景式领导者有四个判断标准，下文中对每个标准都会详加阐述，同时在本章结尾也提供了每个判断标准关于领导能力培养的策略。

判断标准一：能够阐明、沟通、引领对学校使命和愿景的协同实施及不断改进。

判断标准二：能够根据学校使命和愿景，梳理所有的决策、实践、政策和资源（人力资本、时间、预算和设备）。

判断标准三：能够推进短期和长期学校发展计划的协同创建、监督和优化。

The Principal Influence

判断标准四：能够推动学区和学校支持共同使命和愿景，并为达到这一目的而努力。

判断标准一：能够阐明、沟通、引领对学校使命和愿景的协同实施及不断改进

在船只起航之前，船长对本次航行必须有一个清晰且令人信服的愿景。在任的校长就面临着巨大的挑战：当船只已经开始航行的时候，他们必须确定航向。为了保持正确的航向，所有的利益相关者（社区成员、当地企业、家长、学生、员工和其他人）必须设定愿景，达成共识。优秀且富有远见的领导者可以通过制定及调整学校的使命和愿景及学校改进计划来指导这些利益相关者，因为他们自己无法做到这一点。"一位校长的远见卓识既要有'输出'，也要有'输入'。"相比之下，基于参与者的核心价值观及他们对学校的期望建立起来的共同愿景可以确保能够变成现实（Lambert, 2003, p.6）。我们一致认为，"伟大的领导者通过对未来的生动描绘，团结人们奔向更美好的未来"，以此来激励、引领、护卫并推动利益相关者朝着这一愿景行动（Buckingham, 2005, p.59）。

愿景式领导者在行动

位于佛罗里达州的塔拉哈西（Tallahassee）的一所学校，其学段是从学前教育至八年级。为了给孩子们制造快乐的学习体验，一个名叫"基础学习共同体"的团队就应运而生了。这种愿景综合了学校的各个方面。在2000年，Jason Flom 参与了这个社区的创设，帮助家长和员工解决以下问题："如果一个学校的中心任务是培养学生终身热爱学习的精神，那么它的外在、感觉和行为应该是怎样的？"

> 因此，所在学校的家庭和员工一起工作，把注意力集中在对他们的工作最重要的一件事上：培养和尊重儿童全面发展的整体性。
>
> 现在，所有的会议都在这个重点的指导下，筛选与学校项目有关的观点、倡议和评估。为了保持这一愿景的活力，Flom 引导员工思考"我们应该把时间用在什么样的'一件事'上"。作为校长，他同时也关注成人学习者，他制定了决策和行动以激发和维持教师的学习热情。他说："如果教师自己是全面发展的学习者，那么这种学习热情就会促进学生的全面发展学习。"

学区的领导者要对该学区的校长从根本上负责，培养他们为各自学校建立强大的共同愿景。通过辅导和其他的相关活动，督导员和学区工作人员可以让校长参与到实践中去，明确学校的愿景，制定简明的愿景陈述，共同思考与其他伙伴合作的策略。要用专业的学习和必要的支持这样的相关工作来构建（并作为"动态档案"不断改进）集中的、有共同愿景的学校改进计划。愿景的组织结构既是自上而下的，也是自下而上的（或者是从一边到另一边的），这就让所有的利益相关者（尤其是体系内的现任领导者和未来领导者）必须拥有成长为愿景式领导者的技能、机会和反思能力。

判断标准二：能够根据学校使命和愿景，梳理所有的决策、实践、政策和资源（人力资本、时间、预算和设备）

清晰且令人信服的愿景只有在它被用到的时候才是有用的。判断标准二就要求校长必须展示出管理这个愿景的决心。有热情、有韧性、有决心和有远见的领导者可以将员工集中起来，把学校改进计划作为地图（航海图）投入工作。从人才招聘到教学安排，从预算编制到经费审批，从进度计划到专业发展，每一种资源分配以及校长的每一个行为都会引领学校向目标迈进一步。"如果不是这样，他们就会知道（认识到、反思和采取行动）可能需要重新确定这些资源的使用。"（Childs-Bowen, 2007a）

愿景式校长的任务是在所有利益相关者之间播下共同愿景的种子，同时为追求这一愿景而改造学校。另外，校长有责任确保所有的桨手（继续帆船的比喻）认为自己是实现共同愿景的实际贡献者——换句话说，员工必须一致划船，以帮助保持前进的势头（Jenkins, 2008）。

学区官员的支持可协助校长善用四大资源：人力、时间、资本和设施。学区官员可通过提供机会，让学区领导者互相合作、讨论他们的策略、分析资料及评估资源的分配，协助他们学习如何使日常工作符合长远目标。支持对学校改进计划（或学区改进计划）保持不变的一个主要因素就是"对目标的坚持不懈"（Jenkins, 2008）。有了对学区一贯的愿景和策略重点，运营领导者可以考虑单一学校愿景的影响。将副校长以及储备校长放在里面一起分析，会使他们对学校改进计划的实施尽责，也会让他们将来成为学校体系中任何地方的愿景式领导者。

愿景式领导者在行动

赛普拉斯－费尔班克斯独立学区（得克萨斯州休斯敦郊外）的愿景宣言大胆而有力："学习（Learn），赋权（Empower），实现（Achieve），梦想（Dream），引领（前面四个单词的首字母，组成了 LEAD）。"作为员工发展的管理者，Glenda Horner 的职能就是为协助员工实现愿景而提供必要的知识、工具和技能。为了与愿景保持一致，Horner 在她的工作中强调了三个关键点：了解自己的人，培养他们的目标感，以及持续的全过程提升。不管是规划中的、有利于专业发展的、指导委员会的，还是通告学区流程，每一项工作都被仔细且有目的性地融入了她的工作组织结构中。如果方法不能达到商定的目的，则必须重新评估项目。Horner 认为这种强调在将全体员工与愿景联系起来这方面起着至关重要的作用。最终，这个愿景将会为他们的决策提供信息，并帮助他们达成目标。如果数据能说明问题，那么结果就是与愿景相符的。这个学区有 11.2 万名学生，是得克萨斯州最大的学区，其辖区的校园 100%在 2014 年得克萨斯州教育机构问责评级中获得了 Met Standard（达标）的荣誉。

判断标准三：能够推进短期和长期学校发展计划的协同创建、监督和优化

在《爱丽丝漫游奇境记》中，爱丽丝向柴郡猫问路：

"请你告诉我，从这往哪儿走？"

"这在很大程度上取决于你想去哪里。"柴郡猫说（Carroll, 1865）。

在开阔的海面上，扬起风帆，迎风而行，可是船要驶向何方呢？只有拥有一个完整的路线图，校长才能大大提高他们学校实现共同愿景的可能性，而学校改进计划就提供了必备的航向。这个工具——一个表达预期结果、策略、时间表和具体行动步骤的简明文档——是所有的利益相关者应该参考的"地图"。共同建设与愿景相结合的学校改进计划，匹配学校需求，在数据和研究支持下，使校长能够确保学校的所有工作都以培养成功学生的愿景为导向。事实上，保持像激光一样的专注力是领导力的一项关键职责，描述为"领导者在多大程度上确立了明确的目标，并将这些目标放在学校重点工作的优先位置"（Marzano et al., 2005, p.50）。副校长、储备校长和其他利益相关者也常常做着学校改进计划的发展、监督和优化工作——这就说明清晰地沟通愿景是非常重要的。

The Principal Influence

> **愿景式领导者在行动**
>
> 通常情况下，员工的精力经常耗费在日常工作上，以至于他们与学校愿景和学校改进计划的联系变得没那么紧密。在洛杉矶学区的一所大型中学，本书作者之一 Ann Cunningham-Morris 参与到了学校管理中。作为一个副校长，她自愿担任学校的学习改进小组（School Improvement Team）的联合主席，招募教师领袖及家庭或社区领袖，提供意见，并作为利益相关群体的联络人。
>
> 一旦有了坚实的基础，将日常琐事与长期目标联系起来的挑战就变得显而易见了。Cunningham-Morris 经常特意带领员工规划学校的所有工作（包括教学、日常运行、课外活动，以及学生家长/家庭或社区需要的参与策略）。学校改进计划的目标和相关的行动始终处于沟通、决策和解决学校"业务"所有小组问题的第一线。
>
> 每个季度，Cunningham-Morris 都会带领学校改进小组去收集反馈、分析数据、庆祝成功并确定哪些变化是适当的，这些也都会与学校的利益相关者进行分享。在这种持续关注的情况下，Cunningham-Morris 解释道："我们并没有从一个方案跳跃到另一个方案，我们坚持这一计划。但很快团队中所有人就会真正达成一致。"不出所料，这一结果便是学生成绩的提高和教师保留率的提升。

在学区层面上，各种学校改进计划经常被仔细检查，以确定其清晰性、一致性，且是基于研究的策略。让校长们参与共同开发计划模型、开展工作会议确定引领协作约定，不断对各种学校改进计划进行分析，这都有助于实现规划的有效性。这种高风险的策略性规划在校长的准备方案中往往会被忽略（Hess & Kelly, 2005），因此各学区有义务提供这种支持和专业的发展。这种协同工作可以包含纵向合作（学校和学区之间）的调查以及横向合作（学校之间）的调查，为学区的短期和长期愿景提供可行性。

判断标准四：能够推动学区和学校支持共同使命和愿景，并为达到这一目的而努力

正如学校领导们所深知的那样，改变正在发生。当风向发生变化时，流向会改变，其他力量也会影响前进。这些力量对变革，甚至是因一个看起来更容易实现的愿景而放弃提出了挑战。校长们知道在任何计划或实施过程的开始采用明确的决策过程的重要性。具有远见卓识的校长对所有利益相关者都具有感染力，他的激情表现在对愿景和学校改进计划的坚定承诺——这些都是走向"真北"（正确方向）的条件（George，2007）。

需要指出的是，对愿景的忠诚和对任何既定策略的盲目坚持是不同的——前者是至关重要的，后者可能是危险的。有远见的校长理解需要修改计划、修订课程和创新，以满足不断变化的情况。所有的利益相关者如果坚定地支持愿景和学校改进计划，同样会将愿景作为决策的指南或灯塔。

愿景式领导者在行动

在埃及开罗的海亚国际学院（Hayah International Academy），一项旨在建立一个公平、以儿童为中心的教育体系的协力合作产生了一个意想不到的利好因素。在把医生带进校园、开设宗教课程、进行性格教育、为学生提供多种全方位服务之后，许多教师开始把整个儿童教育的一部分委托给专家。这就是学校的副校长 Amanda Romey 参与进来的原因。Romey 强调了所有成人角色互相依赖的关

The Principal Influence

> 系，并带领所有员工从最初的愿景进行讨论。
>
> 经过这些讨论，大家得出了新的跨课程联系、合作规划和全体学生的集体"所有权"。现在，大家希望学生在性格教育课上学到的知识应该影响学生在其他课上、足球场上和团队中的行为。因此，教师们开始关注和寻求这些关联性。
>
> 随着教职员敏锐的目光转向学生在不同内容和年级水平上的表现，教师对学生个体的需求、优势和差距有了更深入的理解。"现在，"Romey说，"我们的重点是创造一个让孩子感到安全的学习环境：提出正确的问题比提供正确的答案更重要。"

学区工作人员可以提供持续的学习机会，强调决策方法，帮助校长在这方面取得成效。因为这个判断标准全部是在"风暴中心"进行的，学区工作人员理应确保他们的校长配备了多种决策策略，能指出他们做出的决策背后的理论依据，能够从容面对充满挑战的环境，将重点始终放在共同愿景上……同时还要与所有的利益相关者保持紧密的专业合作。同时，将副校长和学校其他领导也纳入这一过程，为学区提供一系列学校领导者，因为他们拥有坚实的决策策略储备，并能够从愿景式校长的视角实施这些决策策略。

成长为愿景式领导者：反思性成长策略

在接下来的内容中，我们将提供一些策略来培养校长这方面的领导能力。每个策略都可以为校长（路径一）和学区督导员（路径二）提供机会来厘清工作，让他们集中精力关注长期成果，即在这些判断标准中，发展并优化反思性实践，同时强化专业知识。简单地说，我们的目标是让校长作为愿景式领导者，在改进阶段发挥作用。

第3章 校长作为愿景式领导者

我们提供的策略只是每个判断标准中很多成长策略的范例（见表3.1）。我们选取了效果较好和普遍适用的策略，很多包含了工具、模板、操作规程和表格（见附录B），目的是提供即时可操作的、易于执行的策略，减少研究和实际应用之间的落差。

表3.1 校长作为愿景式领导者的策略纲要

	判断标准一：能够阐明、沟通、引领对学校使命和愿景的协同实施及不断改进	判断标准二：能够根据学校使命和愿景，梳理所有的决策、实践、政策和资源（人力资本、时间、预算和设备）	判断标准三：能够推进短期和长期学校发展计划的协同创建、监督和优化	判断标准四：能够推动学区和学校支持共同使命和愿景，并为达到这一目的而努力
路径一：学校层面	• 准备一场电梯演讲* • 最大化利用社会媒体* • 把利益相关者联系起来*	• 创建一个协同工作示意图 • 启动资源审核*	• 将所有计划绘制成图 • 协同监测数据 • 不断反思并评估利益相关者的关注点	• 明确各小组权力范围 • 筛选决策
路径二：学区层面	• 使行动理论体系化 • 制订积极的过渡计划*	• 引领基于数据信息的合作对话* • 培养预算能力*	• 明确纵向一致性* • 明确横向一致性* • 接纳持续改进*	• 扩展他们的工具包* • 处理棘手问题*

（注：标有*的策略包含相关的工具/模板/操作规程/表格，见附录B）

在充分理解优秀的愿景式领导者的角色和标准之后，我们首先要进行诚实的自我评估，把每一个标准都当作你领导难题的一部分来思考。在每个判断标准中，我们都增加了一个简短的自我评估指南，帮助领导者探究自己目前的思考能力和技术水平。在反思型领导者规划模板（见附录A）中，我们建议校长（副校长或储备校长）和他们的督导员/导师/辅导员一起描述和记录他们自己的现状，如他们在校长持续性反思中做到哪一步了。

与同事们、督导员和专业知识圈中的其他人一起仔细检查后面的策略范例，然后一起自由讨论想出其他策略之后，使用反思型领导者规划模板记录下你会采取的有力措施，来帮助你或你的校长发展成为一个反思型愿景式领导者。在设定目标的过程中，对话、合作和伙伴都能发挥很大的优势。你可以随意使用这些资源，制订和优化一个清晰、聚焦和以反思为导向的计划。

判断标准一

引导性问题：我们如何让每个人都参与进来？

行动理论：校长是学校的灵魂人物，负责收集全方位和单方面的支持，解决学校发展的困难。这就常常需要一种适配性工作——消除愿景和现实差距所需的知识（Heifetz, 1994）。如果校长发起并主动引领对学校的使命、愿景和发展规划进行沟通、实施和不断修订，那么所有的利益相关者就会把自己当作共同所有者和实现他们共同目标的实际贡献者。

在表3.2中，校长的持续性反思描述了该判断标准中与领导行为相关的思考深度。每个阶段的右栏是判断标准中为了培养反思能力而对应的聚焦行为。具体指南请参考校长反思性循环（见图2.2）和焦点反思性问题。

表3.2 校长持续性反思：愿景式领导者的判断标准一

无意识阶段		有意识阶段		行动阶段		优化阶段	
不理解或发挥不了个人在学校使命和愿景方面的影响力	培养意识	理解学校的使命及愿景	有目的地计划	清楚表达并传达学校使命及愿景	精确地评估影响	沟通、实施并不断调整有关学校的使命、愿景和改进计划	积极回应

路径一：学校层面

准备一场电梯演讲*

电梯演讲是指在很短时间内阐明自己的观点，最初是指在电梯里用不到一分钟的时间向领导或客户阐明自己的观点或推介自己的项目。在这里是指对学校的使命和愿景及其重要性以及如何实现方面做简短的阐述。你可以打磨自己的陈述，将其压缩成一个 2 分钟（或更短）的竞演，与利益相关者一起预排和模拟这个过程。电梯演讲有以下几个核心目的：作为交流工具，帮助清晰说明愿景及其重要性；作为推销工具，斩获更多支持者；作为教学工具，培养利益相关者对合作实施的理解和支持。

电梯演讲可用于潜在的资助方、志愿者、合作者、团队成员、同事、员工和教育体系以外的人。有了扣人心弦、简洁有力的电梯演讲，学校领导可以在任何时候将学校的使命和愿景传递给任何人。附录 B.1 提供了制作和优化电梯演讲的指导。

最大化利用社会媒体*

智能手机、平板电脑、应用软件、滚动提要、警示和社会媒体渠道为学生、家长、社区成员和学校合作伙伴提供了快速而简单的访问方式。学校领导者可以通过加强沟通策略，从这种数字化的智慧中受益。校长有独特的优势来深入研究这个领域。联系利益相关者，尤其是传达学校的使命和愿景，是学校沟通计划的关键部分。随着技术的发展，我们可以——许多利益相关者也希望我们——立即分享新闻、更新、变化和图片。

通过使用 Facebook、Twitter、Instagram 及学校网站等平台，校长们可以将愿景变成现实。他们可以分享集锦、信息、励志名言、即将到来的活动以及支持共同愿景的照片。使用个性化战略沟通规划（见附录 B.2），校长们可以看到真实的例子并通过设计规划，最大化发挥这些数字化资源的作用。校长们会觉得这个工具很有用，可以帮助把有关沟通事宜融合到学校改进计划中，支持监督和改进策略。

把利益相关者联系起来*

把所有利益相关者纳入学校改进计划的设计、实施和改进过程，可以极大地丰富这一计划。然而，虽然一些利益相关者对于学校具有独特且深远的影响，但他们却经常没有时间露面。例如，体育教练可以影响一个学生也可以影响一群学生，而且他们作为学校及其愿景与家长、观众、邻校学生和官员之间的代表——然而，他们有些不是学校的全职员工，因而可能无法参加某些会议。在这种情况下，校长们可以通过邀请某些人群（如后勤人员、课外活动领导、体育教练以及其他的学校合作伙伴）参加年初的特别会议，以此加强联系。在初次会议和季度后续会议中使用三人小组操作规程（见附录B.3）将有助于制定战略行动、收集反馈并使远景制度化。当他们共同展开愿景并将其与各自的角色、责任、预期行为联系起来时，就算"兼职"的利益相关者也可以在实现集体目标上发挥影响力。

路径二：学区层面

使行动理论体系化

对中央督导员来说，该学区的愿景是一种很有利的资源，可以让他们与校长就学校愿景的一致性进行合作对话。这一过程始于该学区行动理论的广泛一致性。行动理论表明了该学区对预期行为和预期结果的因果关系的共同看法。为了建立一个学区层面的行动理论，督导员会让校长们提出一系列"如果……那么……"的建议，例如：

如果中央办公室做了＿＿＿，那么校长们会做＿＿＿，这会帮助教师去做＿＿＿，这会帮助学生们去做＿＿＿。

尽管这些对话产生了明确的行动理论，但真正有价值的在于整个学区的校长在制定和优化自己学校愿景的时候,都与学区的愿景和行动计划保持一致。

制订积极的过渡计划*

随着领导层的更换,大家的焦虑和疑惑也会随之而来。新校长的愿景是什么?当前的愿景会变成什么样子?新校长的到来是否意味着学校的愿景即将发生改变?学区官员可以明确目标、沟通愿景和积极招聘校长,以此来确保这种过渡增加大家的信心、效度和前进的动力。学区要制订详细的过渡计划:包括利益相关者反馈、考虑到内部和外部候选人、全程与学校进行沟通,并确保维护或重建集体愿景,这有助于缓解本地领导层的变动带来的压力。

通过社区论坛、网上问卷或特定会议对所有的利益相关者进行调查,学区工作人员可以了解社区对现有愿景的履行程度(见附录 B.4)。收集到的数据可以为学区指派新校长的计划提供信息和指导,包括为学校的愿景的放弃或继续工作的预期提供指导。这种透明性的操作在过渡时期可以加强对新任领导者的指导,同时也能够加强利益相关者的参与。

判断标准二

引导性问题:我们如何确定我们的所有工作是针对我们的愿景和目标开展的?

行动理论:大家都知道,为了达到特定的结果,我们必须采取实现这一目标的手段。为了取得真正的成功,我们的工作必须像激光一样聚焦,包括去除那些与实现目标并不直接相关的任务、组织结构和行动(Reeves, 2002)。如果校长权衡了所有的决策、实践和资源来执行和维护学校使命和愿景以及发展规划,那么学校就更加有可能实现其共同目标。

在表 3.3 中,校长的持续性反思描述了该判断标准中与领导行为相关的思考深度。每个阶段的右栏是判断标准中为了培养反思能力而对应的聚焦行为。具体指南请参考校长反思性循环（见图2.2）和焦点反思性问题。

表3.3 校长持续性反思：愿景式领导者的判断标准二

无意识阶段		有意识阶段		行动阶段		优化阶段	
进行资源分配，参与活动，但这些与学校的使命及愿景不一致	培养意识	解决一些问题，但不能完全结合学校对使命和愿景的需求	有目的地计划	将学校的使命和愿景与学校的决策、行动和资源结合起来	精确地评估影响	基于所有的决策、行动和资源进行权衡，执行和维护学校的使命、愿景及改进计划	积极回应

路径一：学校层面

创建一个协同工作示意图

教育工作者的盘子就像一个大杂烩，塞满了各种各样的项目、不断变革的课程、各种各样的材料、不断改变的期望、不断更新的研究、不断增长的需求和日复一日的挑战。在教师看来，这些对话往往会显得杂乱无章，导致一些善意的对话被当成另一件事，堆积在已经满满当当的盘子里。校长可以通过帮助教师看到他们的工作之间的相互联系，从而增强教师的凝聚力。

首先，校长及其领导者团队可以指导教师制定示意图（或某种非语言呈现方式），说明各种学校活动和方法是如何支持这一愿景的。这第一步就有可能找出那些阻碍学校愿景工作开展的因素，然后把它们从教师的盘子中移除。然后，校长及其领导者团队可以让教师意识到，在学校的各种举措和方法之间，有许多千丝万缕的东西其实都是相辅相成的。这一步骤包括让工作人员认为他们自己是有能力的，愿意为实现共同目标做出贡献，并作为彼此的协同资源。

启动资源审核*

一些校长的最大的外部资产——人力资本、时间和资金——都是有效实现愿景目标的流通货币。当校长及其利益相关者实施项目、流程和活动来支持学校改进计划时,明智地花费这些流通货币是非常重要的。在进行过程中,监测资源分配和资源使用有助于明确目标、提供理论依据、做出决策和找出行动(或不行动的)依据。资源审核模板(见附录 B.5)可以作为校长及其利益相关者实施季度性资源审核的指南——有目的地分析支出——从而保持资源的正常运转和透明化操作。

路径二:学区层面

引领基于数据信息的合作对话*

学区的督导员可以使用数据组资料,集中调整学校愿景,使其与学区愿景保持一致。这些数据组通过集群培养模式或其他情境需求,将具有相同年级水平的学校进行分组,让校长及其领导者团队进行合作、研究、挑战并互相支持。让校长们参与到分组中可以有效地建立信任,引入透明化、同伴互助、提问和反思,以及修改他们的愿景和学校改进计划,以确保一致性。第一步是提供数据给校长,第二步是提供分析和处理数据的工具。使用诸如基于数据信息的交流标准操作规程(见附录 B.6)之类的工具使校长可以深度挖掘、比较和对照类似场景中的数据库,协同调查和解决问题,并形成有目的的行动计划。学区领导可以把时间投入在领导者会议上,通过学校改进计划,根据学校数据进行实时检查、分析并进行"通盘规划"。

培养预算能力*

学校财务是领导者使用的主要资源之一,因此当然要培养校长们借助财务资源支持他们学校活动的能力。学区工作人员(如督导员和财务业务人员)可以让校长用"钱说了算"运行记录(见附录 B.7)之类的工具进行季度审查和资源分配分析，借此帮助校长积累财务知识。该工具帮助校长分析财政支出，以确定其对学校改进计划目标的影响，并明确学校的具体需求。在分组或校长小组内使用这个策略会进一步使校长可用的选项多样化，从而让校长本着对学校财政负责的方式，来解决学校改进计划中的特定问题。让督导员和校长都受益的是应用这个工具及其数据的能力，可以影响学校和学区的未来决策和经费拨款。

判断标准三

引导性问题：我们如何设置和维持正确的路线？

行动理论：学校改进计划应该指导学校建设的所有工作。有效的学校改进计划应满足建设需求，并基于有研究支持的策略，必要的时候还可以进行监督和修改（Boudett, City, &Murnane, 2005）。如果校长根据评估数据的要求，协同创建、监督并优化学校改进计划，那这个规划会一直引导共同目标的实现。

在表 3.4 中,校长的持续性反思描述了该判断标准中与领导行为相关的思考深度。每个阶段的右栏是判断标准中为了培养反思能力而对应的聚焦行为。具体指南请参考校长反思性循环（见图 2.2）和焦点反思性问题。

表 3.4　校长反思性循环：愿景式领导者的判断标准三

无意识阶段		有意识阶段		行动阶段		优化阶段	
可能会也可能不会使用学校需求评估和学校改进计划	培养意识	采取的行动可能会也可能不会将学校需求评估和学校改进计划考虑在内	有目的地计划	基于需求评估数据推动学校改进计划的发展和应用	精确地评估影响	基于需求评估数据协同创建、监督和优化学校改进计划	积极回应

路径一：学校层面

将所有计划绘制成图

孤立地进行创建的话，学校改进计划就只是个人的愿望列表。但协同创建的话，学校改进计划就会成为一个经得起变革的、有效的、强有力的工具。加利福尼亚大学洛杉矶分校传奇的篮球辅导员 John Wooden 告诉我们："不做好准备就准备失败。"（Wooden & Jamison, 2004）这句话当然也适用于学校改进计划。通过使用流程图、思维导图或其他学校改进计划过程的图示可以让利益相关者看到共同的学校愿景，以此提升领导者的效力。包含战略行动步骤的图表还会提醒利益相关者注意沿途的潜在障碍，以帮助创建针对各种突发事件的主动响应计划。

在学校改进计划发展中，有效力和远见的校长会让这些利益相关者进行多方面参与，对学校改进计划进行日常检查，并做出必要的修改。校长通过持续使用这一策略，鼓励大家进行讨论、提供多元视角和清晰的思路，接纳富有成效的改变——所有这些都是学校实现愿景的宝贵资产。

协同监测数据

教育是一个注重产出的事业。因此，制定度量标准是至关重要的，因为它会决定学校改进计划内任何策略、方法或目标的有效性。哈佛大学的研究人员建议我们使用短期、中期和长期的数据点来回答这些问题：我们是否正在朝着我们的目标前进？（Boudett et al., 2005）长期数据点（如年度能力考试）可以提供学校在实现愿景和学校改进计划方面进展的信息；中期数据点（如季度基准评估结果）提供过程中的反馈；短期数据点（如基于课堂的形成性评价）则会表明最初方法的即时效果。

每种数据都提供了特定的价值，而且每种数据都能使得校长、领导团队、员工和利益相关者分析目前的表现，通过询问策略是否有效来确定学校改进

The Principal Influence

计划的目标。如果是，程度如何？为了获得更好的结果，我们可以修改什么？我们如何从事这项工作？通过这种方式，现有的数据收集和分析将会指导我们对学校改进计划及其相关行动计划进行不断的修订和改进。

不断反思并评估利益相关者的关注点*

完成学校改进计划的初稿后，召开教师领导者、学生、家长、社区成员和其他利益相关群体的代表会议，进行自我评估，讨论执行过程中大家所关注的问题，可以帮助学校改进计划的整体发展。每个群体要回答一组问题，并在计划执行期间定期反映他们所关注的问题。通过使用"关注阶段"（见附录B.8）这个工具（美国西南教育发展中心提出的"关注为本采用模式"的一部分），领导者可以运用得出的数据开展自我评估研讨，并在利益相关者中开展反思活动。

该工具提供的数据还可以帮助利益相关者根据以下问题展开讨论：我目前可以做些什么来支持这项工作？在这一点上我有什么证据或结果？我需要什么支持？学校和课堂上是否有足够的资源让我达到这个目标？我们每个人以何种方式为学校改进计划目标的共同实现做出贡献？

通过这种持续性反思活动，校长可以领导团队完善他们的实施活动，并认识到群体之间相互依赖的关系，这对学校改进计划的全面实现至关重要。

路径二：学区层面

明确纵向一致性*

在一个凝聚力强的学校系统中，所有的工作都是为了实现共同的目标。有效力和有远见的领导者会确保学校的愿景、使命和学校改进计划与学区保持一致。校长督导员可以提供学区层面的信息——学区改进计划、战略行动步骤、学区的重要信息——来展示（及优化）学校和学区计划的关联性。

遵循"明确学区改进计划与学校改进计划协调一致的操作规程"（见附录

B.9），有助于将两个计划连接起来，并能够显示两个计划之间的关联性。当计划和目标不一致时，它会为校长及其督导员提供发现问题的机会，在必要时调整和优化这些计划。在此组织结构内分析资料，可让校长根据目标评估学校的发展方向。学区官员可以在这些会议结束后，协助校长建立档案并记录与相关团体沟通的谈话要点。

明确横向一致性*

当校长（和他的领导团队）有机会分享他们的经验，分析彼此的计划，提供反馈，并增强他们的凝聚力时，学校之间的横向一致性就会增强。通过询问一些探索性的问题来鼓励反思和厘清思路，同行可以成为你的思想伙伴、导师或批判性的朋友（诤友）。由学区层面领导者推动的诸如"步调一致操作规程"（见附录 B.10）的工具可以使校长深入思考自己的数据度量、实施计划及策略性的行动步骤。校长可以把从他们的同伴中得到的合作性反馈带到学校改进计划行动小组中，在必要时对其工作进行优化。

接纳持续改进*

学校领导者必须接受这个现实：学校改进计划不是最终目的，相反，它是一个持续的过程，要把它们"绑定"在目前持续的学校需求上。戴明（Deming）的 PDSA 循环等理论基础为不断评估和改进学校改进计划提供了一个框架（Deming, 1993）。

- 计划（Plan）：制订一个计划来满足特定需求。
- 执行（Do）：执行计划。
- 研究（Study）：分析计划对需求的影响。
- 行动（Act）：根据需要修改计划来进行回应。

有关详细的 PDSA 循环的图形，请参见持续改进循环（见附录 B.11）。学区工作人员可以预留出时间按季度来与学校领导一起审查学校改进计划、学校数据及调整自己的工作,以确定哪些行动有助于(或阻碍)它们的成功实施。这就为调整和满足学校需求提供了机会。

判断标准四

引导性问题:我们如何基于追求的共同目标进行决策?

行动理论:校长们每天大约要做出 880 亿个决定,至少看起来是这样。每一个决定,学校都应该向共同的目标迈进一步,即使在不断变化的环境中也是如此。用学校的愿景和发展规划作为决策依据可能不受欢迎,而且可能会让一些人感到不舒服,但它是持续成功的必要条件(Bossidy & Charan, 2002)。如果校长与一些机构合作推动革新,支持并促进学校的使命和愿景的达成,那么所有的决定都将支持对共同目标的追求及其实现。

在表 3.5 中,校长的持续性反思描述了该判断标准中与领导行为相关的思考深度。每个阶段的右栏是判断标准中为了培养反思能力而对应的聚焦行为。具体指南请参考校长反思性循环(见图 2.2)和焦点反思性问题。

表 3.5 校长持续性反思:愿景式领导者的判断标准四

无意识阶段	培养意识	有意识阶段	有目的地计划	行动阶段	精确地评估影响	优化阶段	积极回应
做出的决策与学校使命及愿景不相关或违背学校使命及愿景		可能会也可能不会结合学校使命及愿景做出决策		用学校使命及愿景为行动和决策提供理论依据		推动并与参与者合作,创新、支持和提升学校的使命和愿景	

路径一:学校层面

明确各小组权力范围*

设计学校改进计划,使行动与共同目标保持一致,以及提升学校的使命和愿景都需要所有利益相关者的广泛参与。优秀的校长能够认识到这一点的重要性，并可以清晰地阐述期望进行的决策活动和每个利益相关者小组或规划小组的权力范围。在小组工作开始着手时，他们能明确每个任务的决策期望（投入到校长身上的资源、共识或少数服从多数原则），这就避免了误解、感情伤害、时间浪费或其他影响目标达成的障碍（关于建立共识方面的建议请参考附录 B.12）。

同样，校长表达任何不容商议的态度和使用否决权也是很重要的。不过，有一点需要提醒：优秀的校长会对他们分配的任务和决策过程进行全面考虑，而且很少会凌驾于下一级小组的权力之上，以免破坏他们正在努力建立的文化。

筛选决策

很多时候，很多事情都需要校长亲自做出决策，毕竟最后在文件的底部留下的都是校长的签名，最终权力也就意味着巨大的责任。那么校长如何确定某项要求或支出是否会推动学校朝着目标前进，还是背离了目标呢？简单来说，如果校长必须根据学校改进计划证明他们的决定是合理的，那么提出要求的一方（如教师或利益相关群体）应该在提案过程中提供证明。

很多好的想法经不起简单筛选性问题的考验。例如，这是达成目标的最佳行动方案吗？还有其他选择吗？每种选择的利弊在哪里？这个要求如何融入学校改进计划中？如果这个行动在网上公布，我们可以自信地向那些质疑的人解释吗？通过建立包含上述问题的筛选系统，校长可以在不扼杀员工和利益相关者的创造能力和创新能力的情况下，提出富有前景的策略，同时让其他人重新开始工作。

路径二：学区层面

扩展他们的工具包*

中央办公室管理者和督导员可以通过学习和实践各种决策过程来提高校长的成功率。主要包括：了解各种决策的类型和目的、建立清晰的决策标准

The Principal Influence

以及评估不同决策的成效。当校长了解了决策工具后（如共识汇集模型，见附录 B.13），可以通过征求利益相关者对学习机会的决策依据的看法，来提高其成效。

督导员可以让其校长参与定期讨论，以汇报、处理和反馈近期决策。汇报过程包括分析校长在决策过程中是如何有意识地和战略性地采取行动的，还可以检验有可能产生不同结果（可能更成功）的其他策略。具备了这些知识和技能，校长会更加熟练，而且能够从工具箱中获取适当的技能来应对任务。

处理棘手问题*

与不同组织的人合作让校长有机会认识到不同的个性，但同时也增加了分歧、争论以及意见不合的可能性。当这种情况发生时，校长必须置于冲突之上，以一种专业和尊重的基调来处理冲突。通过保持对话始终面向积极的预期结果，关注对学生最有利的方面，强调学校改进计划目标，这样校长可以化解许多分歧，从而把精力集中在解决问题上。Jennings（2007）描述并提供了对待五种常见类型的制造麻烦的会议参与者的策略，他们分别为反对者、挑衅者、主导者、哗众取宠者和回避者。在附录 B.14 中，我们提供了一些应对这些麻烦人物的案例。学区工作人员可以利用最近发生的事件或创设真实场景来帮助校长们在复杂情况发生前预估，并能够熟练地处理这一情况。

如何着手进行

作为愿景式领导者，对校长的角色有一个全面的了解是一回事，而将复杂的策略库应用到学校或学区细致微妙的情境中又是另一回事。在我们建议行动方案前，首先要明确：如果校长或学区领导将本章中讨论的策略当作"行军号令"，照着策略列表进行，并在"完成"后检查一下，这既不是我们的初衷也不是我们的期望。相反，它们是作为一个愿景式领导者成长的选择，同时也是作为一个反思型实践者成长的选择。

在接下来的部分（见表 3.6），我们提供了自我评估指南来为你们的下一步厘清思路，明确方向。尽管这些也可以作为自主成长工具，但最好是与同伴、同事和督导员合作使用，这样收获最大。对于校长督导员和学区工作人员来说，在与校长制定目标、分析成绩和制订愿景式领导力的培养方案时，这个指南尤其有用。

表3.6 校长作为愿景式领导者的自我评估指南

	无意识阶段	有意识阶段	行动阶段	优化阶段
判断标准一：能够阐明、沟通、引领对学校使命和愿景的协同实施及不断改进	不理解或发挥不了个人在学校使命和愿景方面的影响力	理解学校的使命及愿景	清楚表达并传达学校使命及愿景	沟通、实施并不断调整有关学校的使命、愿景和改进计划

1. 你为什么认为这个阶段可以精确地代表你对于这个判断标准的想法？
2. 你需要关注校长反思性循环的哪个行动来让自己成长为反思型教育工作者？（见图2.2）
培养意识　　　有目的地计划　　　精确地评估影响　　　积极回应
3. 当你展开行动时，判断标准一下面的哪个策略最有助于你的成长？

	无意识阶段	有意识阶段	行动阶段	优化阶段
判断标准二：能够根据学校使命和愿景，梳理所有的决策、实践、政策和资源（人力资本、时间、预算和设备）	进行资源分配，参与活动，但这些与学校的使命及愿景不一致	解决一些问题，但不能完全结合学校对使命和愿景的需求	将学校的使命及愿景与学校的决策、行动和资源结合起来	基于所有的决策、行动和资源进行权衡，执行和维护学校的使命、愿景及改进计划

1. 你为什么认为这个阶段可以精确地代表你对于这个判断标准的想法？
2. 你需要关注校长反思性循环的哪个行动来让自己成长为反思型教育工作者？（见图2.2）
培养意识　　　有目的地计划　　　精确地评估影响　　　积极回应
3. 当你展开行动时，判断标准二下面的哪个策略最有助于你的成长？

续表

	无意识阶段	有意识阶段	行动阶段	优化阶段
判断标准三：能够推进短期和长期学校发展计划的协同创建、监督和优化	可能会也可能不会使用学校需求评估和学校改进计划	采取的行动可能会也可能不会将学校需求评估和学校改进计划考虑在内	基于需求评估数据推动学校改进计划的发展和应用	基于需求评估数据协同创建、监督和优化学校改进计划

1．你为什么认为这个阶段可以精确地代表你对于这个判断标准的想法？
2．你需要关注校长反思性循环的哪个行动来让自己成长为反思型教育工作者？（见图2.2）
　　培养意识　　　　有目的地计划　　　　精确地评估影响　　　　积极回应
3．当你展开行动时，判断标准三下面的哪个策略最有助于你的成长？

	无意识阶段	有意识阶段	行动阶段	优化阶段
判断标准四：能够推动学区和学校支持共同使命和愿景，并为达到这一目的而努力	做出的决策与学校使命及愿景不相关或违背学校使命及愿景	可能会也可能不会结合学校使命及愿景做出决策	用学校的使命及愿景为行动和决策提供理论依据	推动并与参与者合作，创新、支持和提升学校的使命和愿景

1．你为什么认为这个阶段可以精确地代表你对于这个判断标准的想法？
2．你需要关注校长反思性循环的哪个行动来让自己成长为反思型教育工作者？（见图2.2）
　　培养意识　　　　有目的地计划　　　　精确地评估影响　　　　积极回应
3．当你展开行动时，判断标准四下面的哪个策略最有助于你的成长？

自我评估指南说明

1．按照每个判断标准回顾校长持续性反思的各个阶段。
2．在每个判断标准中，把与你的反思倾向和专业活动相关的词或句子都重点画出来并记下笔记。
3．根据你认为自己所处的校长持续性反思阶段，从反思性循环中明确你需要重点关注的行动。

  a．如果你正处于"无意识阶段"，你的目标就是培养意识。

  b．如果你正处于"有意识阶段"，你的目标就是有目的地计划。

  c．如果你正处于"行动阶段"，你的目标就是精确地评估影响。

  d．如果你正处于"优化阶段"，你的目标就是积极回应。

4．从路径一（学校层面）或路径二（学区层面）中，选择一个可以帮助你达到此标准的策略。

5．当完成了校长作为愿景式领导者四个判断标准所规定的任务之后，通过与其他成员合作，选择你准备关注的一个关键标准。

6．使用附录 A 中的"反思型领导者规划模板"，设计周密严谨的计划，帮助自己成长为愿景式领导者和反思型教育工作者。

第 4 章

校长作为教学领导者

　　现在校长的工作与我们祖父那一辈不同，我们正处于问责制盛行的时代中心。问责制大约始于 15 年前，那时学校校长的责任发生了重大转变：从组织管理转向了教学领导。"教学领导"这个词现在已经无处不在，但它在精神和实践上真正代表了什么意思呢？在以成绩为导向的学校文化中，校长的责任和要求是明确的，即每一个孩子在每一个教室的每一分钟，都需要进行高效的学习。校长，该职位的最初角色是"首席教师"，是优质教学的守护人。

　　校长领导力发展框架中对校长作为教学领导者有四个判断标准，下文中对每个标准都会详加阐述，同时在本章结尾也提供了每个判断标准关于领导能力培养的策略。

　　判断标准一：能够培养充满活力的专业学习共同体，培养全体员工的协作能力。

　　判断标准二：能够通过差异化监督、辅导、反馈和评估来培养全体员工的个人能力。

　　判断标准三：能够确保严谨的课程、以研究为基础的最佳教学实践、形成性和总结性综合评价方法的一致性。

判断标准四：能够推动使用实时数据监测系统对教师、团队和学校进行指导和干预。

判断标准一：能够培养充满活力的专业学习共同体，培养全体员工的协作能力

闭门造车的教学时代已经结束了。合作变成了新的规则，相互依存也成了新趋势。校长创设学校合作文化的能力直接关系到学校的绩效，这首先是根据学生的学习指标来衡量的。这种文化（通常被称为专业学习共同体，Professional Learning Community，PLC）理念在指导集体能力培养方面是经过验证的。本书合著者 Hall 和 Simeral 将专业学习共同体定义为"一群始终努力发挥自己最大潜能的教育工作者，他们共同学习，共同成长，共同改进教学的专业实践，最大限度地提升学生的学习能力"（2008, p.17）。

这个定义清晰地说明了集体在学习结果方面所承担的共同责任。按照 Rick DuFour（一个专业学习共同体运动中的重要发声者）的话来说："学校需要校长带领他们一起提升学生和教职员的学习"（2002, p.14）。有效的专业学习共同体及团队的组织结构，可以让教师能够利用彼此的优势，相互支持，共享资源以及共同承担教育孩子的重大责任。

建立和维护有效的专业学习共同体并不仅仅是把其组成部分搭建起来，专业学习共同体的内核和精神是团队合作的理念，重视学习而且强调结果（DuFour & Eaker, 1998）。一个校长虽然可以在一个孤立的学校单独建立专业学习共同体，但内行的学区工作人员知道，由于"养育一个孩子需要举全村之力"，只有整个学区和共同体（系统内的所有学校）团结起来，才能帮助教育事业变得更强大、更有效。学区可以为学校和校长提供充足的资源、专业

The Principal Influence

的发展、合作的机会和积极的支持，帮助学校和校长走向成功。学区必须培育和打造专业学习共同体模式，因为如果学区以专业学习共同体的模式运行，那么学校也就更有可能效仿行事。

教学领导者在行动

本书作者之一 Phyllis Pajardo，曾是费尔法克斯县（弗吉尼亚州）公立学校的教学副主任，一直致力于专业学习共同体的理念及其主要关注点：学习。她作为专业学习共同体的领导为一些校长提供指导，为了加强这些校长的学习，Pajardo 将 28 个学校（都包含学前教育至高中段）分为三种培育模式的专业学习共同体团队。她与校长们一起，根据专业学习共同体的目标，重新调整了他们的管理会议的重点和目的，不允许出现所谓的"行政管理"。在评估了校长们的准备程度和执行情况后，Pajardo 召集他们来共同组织"金字塔专业学习共同体"会议、分享各自的成功和遭遇到的困难、研究目前的信息，并建立起共同的形成性评价。

她定期与协作人会面，培养他们的协作领导能力，鼓励他们制定有效的策略来组织会议，校长们也可以在自己的学校使用这些策略。她鼓励校长批判性地检查自己的做法，为校长提供所需的支持和工具，创造条件使校长之间变得更加协同和相互依赖，提升他们引领专业学习共同体理念的能力。据 Pajardo 所说：培养集体能力非常重要，因为它能够确认、识别和发挥他人的长处、才能和能力。

判断标准二：能够通过差异化监督、辅导、反馈和评估来培养全体员工的个人能力

正如高效的团队和专业学习共同体对改进学校（学区）工作的重要性一样，教师个人的表现对学生个人的学习也同样至关重要。由于教师的素质是学生成功的主要决定因素，因此，校长作为教学的领导者，理应关注每一位教师的发展、成长和成效。

在《立见成效》（*Results Now*）一书中，Mike Schmoker 提出："学习最大的且唯一的决定因素，不是社会经济因素或者资金水平，而是教学。"（2006,p.7）因此，优秀的校长会用大量的时间观察课堂、为教师提供具体可行的反馈、与员工就教学和规划进行深入交流，并鼓励员工定期培养反思能力——这些都远远高出教师评估过程的最低要求。校长作为"主教练"需要使用一切必要的手段（如专业学习、对话、评估、数据分析等）来促进教学团队的持续成长和提高团队的实效。

教学领导者在行动

本书作者之一 Pete Hall 是华盛顿斯波坎市谢里登小学的校长。他认为，教师的质量决定了学生的学习成果，而且他也绝不会靠碰运气来实现这一点。为了支持教师尝试他们认为的最好的做法，希望能够最大限度地提高学生的学习，Hall 带领学校进行了全面的教学改进。谢里登小学的教师先从教学策略的调查研究入手，将他们的经验和研究结果结合起来，深入综合理解每一个最佳教学实践。接下来，Hall 为每位教师提供个性化的指导：走进教师的课堂，为教师提供富有见解的意见和建议，指导教师改进他们的教学实践。

他把师生在课堂上的教学活动看得很神圣，他认为没有什么比

> 这些"宝贵的时刻"（他的原话）更重要的了。他每天都会到课堂来评估进展，提供反馈，与教师"论教"。这种策略性的跟进很关键，从而确保了教师的行为都是经过认真思考的，因此学生的学习也切实得到了提升（Hall & Simeral, 2008）。在这种教学指导模式下，谢里登小学获得了多项学术成就奖。有一位教师在 Hall 离开之时对他说："作为一名教师，现在的我比你没来之前的我要强十倍。"

学区领导者如何确保他们的校长，无论是现在还是将来，都能参与学校的教学工作？校长督导员如何培养校长的教学领导能力？一个学区支持学校领导的制度必须是系统性的，要注重结果，培养集体责任感，而且要保证教学质量。学区官员一定要践行他们所宣扬的，他们也要参与专业学习，鼓励专业合作，深度研究教学策略，对领导力相关活动予以实施并反馈（City, Elmore, Fiarman, & Teitel, 2009; Marzano et al., 2005）。学区也必须建立有效的教师及校长考评制度，支持持续的专业学习（Danielson, 2007; Stronge, Xu, Leeper, & Tonneson, 2013）。

判断标准三：能够确保严谨的课程、以研究为基础的最佳教学实践、形成性和总结性综合评价方法的一致性

在我们的教育体系中，课程、教学和评估（Curriculum, Instruction, Assessment），通常被称为教育界的"中央情报局"（CIA），这是我们教育体系真正的核心情报来源。优秀的校长对这三方面都有很好的把握，他们认为这三方面既是强大的教育规划的独立元素，同时又是相互关联的组成部分。研究表明，校长对于 CIA 的理解与相关层面深入持久的变革有着密切的联系（Marzano et al., 2005）。

那么，校长是不是需要知道每个年级、每个学科、每节课的所有事情呢？

第4章 校长作为教学领导者

这样说可能有点过，但对校长来说，知道得足够多，而且知道提出什么问题是非常重要的。在CIA方面获得成功是很难的，必须将这三个方面的关键点联系起来。校长必须知道，教学内容、课程或年级标准及课程设置，这都是帮助学生达到预期成就的蓝图（Wiggins & McTighe, 2005）。深入理解如差异化教学（Tomlinson, 2014）、责任的逐步下放模式（Fisher & Frey, 2014）和一般教学框架（可参考 Danielson, 2007）等这些有效的教学实践（可参考 Dean, Hubbell, Pitler, & Stone, 2012; Goodwin & Hubbell, 2013; Hattie, 2009），可以培养校长在教与学方面的领导能力。最后，校长要结合形成性评价和总结性评价开展活动，再根据不同的目的将两者区分开来，这样就在CIA的各个关键点发挥出领导者的作用（Moss & Brookhart, 2009; Popham, 2008）。

学区官员可以用各种方式支持学校领导者，如帮助校长剖析各种标准、分析课程、评估教学工具和实施与CIA一致的评估策略。很多研究（见前面章节中教学最佳实践的大量研究案例）都表明，我们只有知道我们需要了解什么，才能对所有学生的学习产生积极影响。据美国中部大陆区域教育研究所（Mid-Continent Regional Educational Laboratory，McREL）的首席执行官Bryan Goodwin 所说："为了改变所有学生的命运，学校系统能做的最有力的事情之一，就是把他们知道自己必须做的事情做好。"（2011, p.134）学区的任务就是为目前和未来的领导者提供机会来学习、执行、评估及完善他们一致同意的最佳实践。

教学领导者在行动

Tammy Campbell 博士在华盛顿兰顿公立学校里担任教学副主管（为了把学习放在首位，她重新命名了这个职位）期间，她坚持认为，每一个方案、系统和过程都必须与最终目标相一致：提升每个孩子的学习成效。这就意味着她要竭尽所能确保学区全力支持校

The Principal Influence

> 长的教学领导工作。Campbell 为校长们创造环境，有效地培养他们的教学领导力。她将校长督导员重新命名为"区域教学主管"，并将这些职位重新设置，让他们对校长的做法进行观察、指导、配合和探讨，以改善学生的学习，从而为校长有效进行教学领导工作创造了条件。
>
> 区域教学主管之前都是卓有成效的校长，对有效的教学有着深入的了解，他们从文化胜任力的角度出发，关注学生本身和学生的成就。他们愿意也有勇气参与推进具体实践工作。他们的成功主要通过校长们的成功来衡量，而校长们的成功则通过学生的成功来衡量。因此，整个学区的学校应该在整体系统范围内进行持续改进，而不是出现个别学校繁荣、个别学校没落的情况。

判断标准四：能够推动使用实时数据监测系统对教师、团队和学校进行指导和干预

在过去，教育工作者经常会被一股脑儿地"倾倒"一大堆事后才出来的数据，他们不仅不知道如何解读这些数据，而且有时候都意识不到这些数据的出现。近年来，专家们分享了一些方法，可以让大家以一种更有效的方式使用这些数据，因此现在常常会听到校长、教师和学区工作人员在讨论如何应用数据来改善教学。可惜，要是有这么简单就好了。优秀的教学领导者知道，他们可以获得大量的学生成绩数据，但关键是要知道，如何才能有目的地从这些海量数据中选出那些评估具体学习成果的文件，并能够进行彻底的分析。

校长可以带领自己的团队进行研究和数据检测，使用系统化处理（Bernhardt, 2009; Venables, 2014）或操作规程（Easton, 2009）来解读这些数据，在此基础上最终设计出一个行动方案。在专业学习共同体中（见判断标

第4章 校长作为教学领导者

准一），数据专家团队可以建立通用的形成性评价并能立即对数据进行分析，从而让教师能够更好地进行有目的的干预；而校长作为教学领导者，可以提供实现这一目标的组织结构、监督和支持。

> **教学领导者在行动**
>
> 在弗兰克桑西维埃里中学的广播中，对学生数据资料的讨论一直占据主导地位。这所学校位于纽约，是一所6~8年级的公立学校，由Patricia Reynolds担任校长一职。Reynolds校长相信，每个教师都必须展开果断、有目的和即时的行动，因此她领导全体教师创建了一个系统，在这个系统中，教师在自己的课堂可以对学生提供及时的支持，而不是等待课后活动或专家把有困难的学生拉出来进行干预。教师可以用共同建立的形成性评价、"离场票"①和其他工具，通过在课堂上举办小型会议来回应学生的需求。Reynolds校长通过各种方式支持教师的工作，如与团队根据收集的数据进行交流，审阅教师的评估记录，与教师开会分析"离场票"等。"我们知道学生的表现应该是什么样的，"Reynolds校长说道，"这样就很容易看出学生的成功和失败。"这些做法也可以指导教师规划教学重点和专业学习。在她的领导下，这所拥有1 600名学生、多元化的城市学校取得了惊人的学术成就，并在州问责制下取得了良好的声誉。

在很大程度上，学区官员也提供了同样的组织结构、监督和支持，帮助校长根据学校的信息开展领导工作。学区领导者可以及时提供有价值的相关资料，屏蔽无用的外部评估，确保校长及其领导班子的工作最后能产生良好的收益。通常情况下，学区经常要用系统的方法选取数据化的资料，分析它

---

① Exit Tickets，学生在离开教室前，必须给教师一张"票"，上面要填写一个问题的答案或解决方案，或者对他们所学知识的反馈，以确定他们已经学会了。——译者注

的趋势和异常，同时也会加强定期数据查询的作用（Boudett et al., 2005）。一个学区越是像专业学习共同体一样去运行，这些数据化的资料就会越融入日常交流中，从而深入领导者的工作中。

成长为教学领导者：反思性成长策略

在接下来的内容中，我们将提供一些策略来培养校长这方面的领导能力。每个策略都可以为校长（路径一）和学区督导员（路径二）提供机会来厘清工作，让他们集中精力关注长期成果，即在这些判断标准中，发展并优化反思性实践，同时强化专业知识。简单地说，我们的目标是让校长作为教学领导者，在改进阶段发挥作用。

我们提供的策略只是每个判断标准中很多成长策略的范例（见表 4.1）。我们选取了效果较好和普遍适用的策略，很多包含了工具、模板、操作规程和表格（见附录 B），目的是提供即时可操作的、易于执行的策略，减少研究和实际应用之间的落差。

表 4.1　校长作为教学领导者的策略纲要

	判断标准一：能够培养充满活力的专业学习共同体，培养全体员工的协作能力	判断标准二：能够通过差异化监督、辅导、反馈和评估来培养全体员工的个人能力	判断标准三：能够确保严谨的课程、以研究为基础的最佳教学实践、形成性和总结性综合评价方法的一致性	判断标准四：能够推动使用实时数据监测系统对教师、团队和学校进行指导和干预
路径一：学校层面	• 在专业学习共同体内施行分布式领导 • 创造并珍惜时间 • 通过操作规程带动专业学习共同体*	• 使用基于成绩的监督和评估模型* • 提供反馈，推动前进*	• 形成一个对于最佳实践的一致定义* • 推动教学轮访工作* • 创建同伴互助辅导"三人小分队"*	• 使用学生工作操作规程* • 采用数据操作模型*

续表

路径二：学区层面	• 发展结果导向的专业学习共同体* • 创建紧密联系的学习共同体	• 创建诤友圈* • 立足优势	• 综合各学区基准评估 • 促进学校之间的走访观察*	• 设定数据化目标 • 让校长参与基于数据信息的交流*

（注：标有*的策略包含相关的工具/模板/操作规程/表格，见附录B）

在充分理解优秀的教学领导者的角色和标准之后，我们首先要进行诚实的自我评估，把每一个标准都当作你领导难题的一部分来思考。在每个判断标准中，我们都增加了一个简短的自我评估指南，帮助领导者探究自己目前的思考能力和技术水平。在反思型领导者规划模板（见附录 A）中，我们建议校长（副校长或储备校长）和他们的督导员/导师/辅导员一起描述和记录他们自己的现状，如他们在校长持续性反思中做到哪一步了。

与同事们、督导员和专业知识圈中的其他人一起仔细检查后面的策略范例，然后一起自由讨论想出其他策略之后，使用反思型领导者规划模板记录下你会采取的有力措施，来帮助你或你的校长发展成为一个反思型教学领导者。在设定目标的过程中，对话、合作和伙伴都能发挥很大的优势。你可以随意使用这些资源，制订和优化一个清晰、聚焦和以反思为导向的计划。

判断标准一

引导性问题：我们如何共同学习，共同成长，共同支持学生和员工的学习？

行动的理论："养育一个孩子需要举全村之力"的说法目前是最适合用在教育上的。当专业教育工作者作为一个协作团队开始共同关注学生的学习成果时，学生的成绩就会得到提升，而且专业实践活动也会更有力度（Caine & Caine, 2010）。如果校长凝聚全体员工的力量，培养了富于活力的、公平的、面向学生的专业学习共同体，那么学生的学习将会在一个不断提高的循环中得到提升。

在表 4.2 中，校长的持续性反思描述了该判断标准中与领导行为相关的思考深度。每个阶段的右栏是判断标准中为了培养反思能力而对应的聚焦行为。具体指南请参考校长反思性循环（见图 2.2）和焦点反思性问题。

表 4.2　校长持续性反思：教学领导者的判断标准一

无意识阶段	培养意识	有意识阶段	有目的地计划	行动阶段	精确地评估影响	优化阶段	积极回应
尚未制定建设专业学习共同体的具体步骤		组织学校员工参加一些专业学习共同体相关的活动		促进专业学习共同体相关工作的实施		培养有朝气的、公平的、以学生为中心的专业学习共同体，培养全体员工的协作能力	

路径一：学校层面

在专业学习共同体内施行分布式领导

成功的专业学习共同体的特点之一是整个组织处处都能体现出领导力的存在。同样，优秀的校长必须招募和接纳志愿者，从而发展更多优秀的教师领导者。为了最大化利用课堂的专业知识，发挥领导力的作用，校长可以利用组织的力量来帮助这些教师领导者获得成功。

首先，从识别潜在的领导者开始，要注意，教学能力强不一定代表领导能力强。要去了解这些潜在领导者的品质、特征及其所具有的反思倾向。能力强的教师领导者会经常深入反思自己的做法和自己作为教师的角色。在确定教师领导者之后，要对他们的知识、技能、领导能力和协调能力等方面进行评估。然后，邀请他们在专业学习共同体内帮助组织小组会议，主持实验室活动，组织行动研究项目，或者协助改进学校计划。要让他们有机会引领专业发展，鼓励他们追求创新。校长要创设一种团结、信任和尊重的环境，支持他们成为领导者圈子中的一员。教师领导者可以塑造学校的文化，提高学生的学习水平，影响同事之间的教学实践，他们是校长最宝贵的资源之一。

创造并珍惜时间

对正在施行专业学习共同体的校长来说，为团队成员找出共同的交流时间，这可能是一个最大的挑战，但如果校长想培养富有活力的专业学习共同体，那"创造并珍惜时间"就是最有影响力的策略之一。首先可以从日常活动安排入手，为协作团队创造共同规划的机会。在小学里，会议进行期间不间断的"封闭"专题（"blocking" specials）可以帮助延长团队协作的会议时间。在中学阶段，组织和整合团队时间及一些干预模块可以让教师自由地进行协作。另外，可以在每个季度让团队有一些额外的合作机会。通过免除教师的部分日常工作和减少不必要的义务，为团队成员腾出时间碰面。为了更好地利用时间，将教师会议转化为集体学习的机会，将交流的重点放在学生的成功、数据分析和专业学习上，而不是放在管理和后勤问题上。在学校里的时间是如何使用的，这很大程度上说明了什么是学校的目标和优先事项，而安排时间进行合作，则能让员工把这些转瞬即逝的资源花在最直接、最积极地影响学生学习的工作上。

通过操作规程带动专业学习共同体*

操作规程就是大家一致认可的沟通指南，有一套严密的行为判断标准，团队可据此讨论和探索想法、检验学生工作和反思教师的教学方法。它们以不同形式出现，专业学习共同体工作的一部分就是找出哪些操作规程最适合哪一个团队。在 Lois Brown Easton（2009）的《专业学习操作规程》(*Protocols for Professional Learning*)一书中，她详述了 16 种不同的规程，可以用于开展不同目的、不同形式的讨论。领导者必须熟悉他们每天在会议上都要用到的操作规程和模式。

具备了这些后，把一些操作规程和模式引荐给员工，让团队选择使用。这些操作规程的目的应该与学校的使命、愿景和价值建立清晰的联系，而且校长也应该让团队在使用后进行反馈。与操作规程相关的一些有效实践可以帮助提升团队成员的能力，能够让专业学习共同体始终关注学生的学习。我们收录了 Easton 的一些操作规程，有原始版本或修订版本，参见附录 B.3、附录 B.10 和附录 B.18。

路径二：学区层面

发展结果导向的专业学习共同体*

学区必须采取适当措施，确保所有的学校都参与到能够积极影响学生成绩的专业学习共同体的活动中。有两个步骤可以操作：首先，明确好既定的学区优先事项，然后实施一系列行为和做法，具体体现在校长对学校专业学习共同体活动的支持上。基于校长当前的反思水平，通过合作，设定与这些优先事项相关的校长持续性反思目标。这有助于建立共同责任，并将学区层面与学校和课堂层面结合起来。其次，因为每个校长都致力于建设高效的校本专业学习共同体，当督导员和辅导员与校长一起工作时，应该以校长持续性反思的提升为目标进行意见反馈和交流。可以参见附录 B.15 中提供的工具。

创建紧密联系的学习共同体

由于现代技术使世界各地的教育工作者彼此更加接近，在全球范围内学习和与同行合作的机会往往比在自己学区和学校更容易找到。紧密联系的学习共同体为教师和校长提供了机会，通过社会媒体和网上社区，把他们的个人学习与学校及地区层面的学习和协作联系起来。通过整合当地和全球的知识，学区可以将其自己的专业发展转化为强大的专业知识体系，借此发展全区专业学习共同体的能力。那么首先就要提高对在线学习机会的认识，树立参与在线学习的典型或模范。在此基础上，提供正式的微认证、再认证时间或在职学分，以此激励和奖励在线学习的参与者。然后可以利用科技作为教学团队的支撑，让教师进行远距离合作，在全球反馈、分享自己的教学成果。最后，使这种活动更能贴近家庭，还可以在学区层面提供面对面、混合的在线专业发展机会。一个紧密联系的学习共同体可以把学校的专业学习共同体提升到一个新的高度。

判断标准二

引导性问题：如何最大限度地提升教师个人的教学技能和反思能力？

行动理论：课堂教学是学生成功的基本决定因素。如果影响了这个因素就会对学生学习产生累加的影响（Schmoker, 2006）。如果校长能够通过差异化监督、辅导和过程评估，提升全体员工的个人能力和集体能力，那么课堂教学就会得到改善，学生的学习就会得到提升。

在表 4.3 中，校长的持续性反思描述了该判断标准中与领导行为相关的思考深度。每个阶段的右栏是判断标准中为了培养反思能力而对应的聚焦行为。具体指南请参考校长反思性循环（见图 2.2）和焦点反思性问题。

表 4.3　校长持续性反思：教学领导者的判断标准二

无意识阶段	培养意识	有意识阶段	有目的地计划	行动阶段	精确地评估影响	优化阶段	积极回应
坚持进行常规的观察活动，但也仅限于此		能够完成正式的教学评估过程，可能会也可能不会采取进一步的教学监督		对教学进行监督和管理，为教师提供反馈		通过差异化监督、辅导和评估活动，培养全体员工的个人能力和集体能力	

路径一：学校层面

使用基于成绩的监督和评估模型*

如果校长们想要确保教师的重点放在学生的学习和相关教师活动上，可以用监督和评估模型来实现。在这一策略中，校长需要带着教师选择现有的学生评估数据，把这些数据作为反思重点，确定监督和检查的议程主题。

使用了这一模型后，《学习监督》(*Supervision for Learning*) 一书的作者们认为："通过分析学生数据化的资料来改善教学和学习的能力，可以使整个教师团队的工作能力得到提升，而且这一潜在的回报是巨大的：教师展现出的专业能力和成长提升了学生的学习，同时也提高了组织的变革能力。"（Aseltine, Faryniarz & Rigazio-DiGilio, 2006）

这样一来，教师和评估者就能清晰地知道，哪些教学策略产生了哪些学生的学习成果，有助于他们更好地把握策略和成果之间的因果关系，而不只是去看教师给学生教了多少内容。使用附录 B.16 提供的模板，你可以与教师一起制作个人专业发展计划，概述一下他的同事会如何支持个人的成长，详细说明可用的资源，明确教学和学习方面的观察、反馈和讨论活动的重点。

提供反馈，推动前进*

能够推动教师前进的反馈，可以帮助塑造教师的思维。它会把教师最优秀的表现提取出来，并提出改进建议。为了使反馈更有效，它必须遵循以下四个判断标准：必须及时、明确、能够理解，而且允许教师通过优化、修改、重试和实践等方式进行（Wiggins, 1998）。在《培养教师成功的能力》(*Building Teachers' Capacity for Success*, Hall & Simeral, 2008) 一书中，校长可以找到一些特定话语的例子，这些例子可以加深教师的反思过程，并能够在持续性反思循环上与他们目前的阶段相匹配。这样的反馈可以启动有效的校长—教师对话，激发更深层次的思考，并能够提供可操作的反馈。在确定教师的反思符合持续性反思循环时,根据附录B.17中提供的反馈指南,在正确的时间对正确的教师说正确的话,这才是能够推动教师前进的反馈。

路径二:学区层面

创建诤友圈*

诤友圈就是一群专业人士(这里是领导者)组成的圈子,他们聚在一起,努力克服实践中的具体问题,共同参与问题解决。在诤友圈里,诤友之间可以互相挑战对方,提出一些探究性问题,给出直接的反馈,使集体领导力的内容多样化,从而拓展彼此的思维。为了创建这样的一个圈子,学区工作人员要从校长辅导员或校长督导员领导的直属学校中找出4~6位校长,把他们聚到一起,制定例会日程,然后让成员都熟悉一下咨询操作规程(见附录B.18),帮助他们讨论自己遇到的实际问题。当校长提出特别关注的问题时,应该首先将最紧迫的事项安排到日程中。随着团队成员对操作规程越来越熟悉,领导者就会形成专业学习者相互合作、相互依赖的团队。

立足优势

要培养校长的个人能力,并在学区内对校长进行差异化监督,校长督导员首先要与每位校长建立联系,了解他们的优势和才能。

从校长的优势着手对他们很有帮助,"人类发展的关键是建立在你已经是谁的基础上"(Rath, 2007, p. 8)。为了了解校长的能力、秉性和优势,要求每位校长都做一个自我评估。简单来说,可以将学区的校长评估标准转换成自我评估工具,在这一工具的指导下,与每位校长就信念、信心领域、需求领域和反思模式进行深入对话。在完成校长的优势评估后,用这一工具指导你的督导任务。根据校长的优势,在各种情况下提供指导,为校长提供反馈和深入思考的机会。使用优势评估不仅可以提升校长的意识,还可以让我们的督导任务更有目的性,而且能帮助我们制定专业发展规划。

判断标准三

引导性问题：我们如何保证课程、教学和评估活动对学生学习是有帮助的？

行动理论：课程、教学和评估为学生提供了强大的学习体验。它们合在一起互相发挥作用，最终会营造出这样一种环境，即把所有工作都集中在学生的学习上（Wiggins & McTighe, 2005）。如果校长能确保课程、教学和评估可以合力满足所有学生的需求，那么所有的学生学习成功的概率就更大了。

在表 4.4 中，校长的持续性反思描述了该判断标准中与领导行为相关的思考深度。每个阶段的右栏是判断标准中为了培养反思能力而对应的聚焦行为。具体指南请参考校长反思性循环（见图 2.2）和焦点反思性问题。

表 4.4　校长持续性反思：教学领导者的判断标准三

无意识阶段		有意识阶段		行动阶段		优化阶段	
维持课程、教学和评估的现状	培养意识	采取行动改进课程、教学和评估活动	有目的地计划	协调课程、教学和评估活动	精确地评估影响	确保将课程、教学和评估与学生需求结合起来	积极回应

路径一：学校层面

形成一个对于最佳实践的一致定义*

只有对探究型的、影响广泛的教学策略有了一致的认同，学校的课程、教学和评估才能得到有机结合。校长要带领教师进行研究，如可以探讨学区的教学活动框架、学生对课程内容的掌握程度和不同年级课程所要求的能力。校长要将研究与教师的经验和专业知识联系起来，明确怎么做才算有效实施了教学和评估策略。在教师自由讨论和引用实例的过程中，校长可以使用附录 B.19 中提供的圆形贴操作规程，帮助教师完善他们的想法并使他们达成共识。

最终结果需要大家对课程、教学和评估的特定策略（以及这些策略的具体应用）有一个清晰的、共同的理解，全体教师都同意对这些策略进行学习、实施和改进。从校长的角度来看，这些对所有员工来说都是不容置疑的期望，因为它们提供了清晰的观察角度、专业学习的指导、富于反馈的环境以及在全校范围内进行指导交流的内容。

推动教学轮访工作

教学轮访是一个强大的工具，任何学校或学区都可以利用它来提高教师的教学能力，培养一种协作的文化氛围。其主要目的是为教师提供观察他人的机会，并将自己的教学与他们观察到的教学进行比较。这一策略的重点最终是观察者，校长要关注每个观察者如何改进他的做法，以此作为观察他人的结果。具体的做法如下：首先选出一位教师，这位教师能够在课堂上有效使用一种大家都认可的教学策略，然后让 3~5 位教师组成一个小组进入该教师的课堂进行听课，听课时间为 15~20 分钟。听课的时候，鼓励教师重点观察之前提出的策略，同时也要寻找其他可能与自己产生共鸣的策略。听课结束后，可以让听课的教师进行汇报，每人说一个他们会在自己课堂使用的教学策略，因为听课的时候他们发现这个策略很有效；然后根据听课时观察到的，说出一个他们会优化的策略；最后再说一个他们现在没有使用但是将来会使用的策略，因为他们看到其他教师用得不错。我们有一个提纲为这一过程提供了详细的指导（见附录 B.20）。

创建同伴互助辅导"三人小分队" *

同伴互助将教学轮访提升到一个新的层次，它要求教师发挥辅导员的作用，并针对实践问题为愿意作为"被辅导者"的人员提供集中反馈。在同伴互助辅导形式中，第三个人作为观察者，与辅导员一起进行观察。观察结束时，校长要督促每个角色（辅导员、被辅导者和观察者）进行反思交流。在进入被辅导者的课堂进行 15~20 分钟的听课后，小组成员要根据三人小组操作规程（见附录 B.3）中的要求进行汇报。校长可以根据教学内容、年级、经验、学习风格等精心挑选团队成员和三人小组的合作伙伴。团队建立起来之后，校长要跟小组成员表达对他们小组的期望，为他们讲解具体实施步骤。针对全校（或其他常见）的具体实践问题，小组的每个成员需要在每个季度或学期轮流扮演这三个角色（具体时间由校长把控）。当小组成员轮换三人的角色时，他们会形成深入反思的习惯，而且能够优化自己的教学实践。

路径二：学区层面

综合各学区基准评估

中央办事处的工作人员应能清楚地说明在一个学区内所采取的多项措施之间的联系。为了让系统内部各个层级之间保持定位一致，校长督导员可以帮助校长看到这些联系，并在考虑到这种相互关联的情况下进行领导。当学校根据与学区一致的目标开展活动时，校长要注意收集一些信息，用它来说明学校的进展对学区的直接影响。通过创建、实施、修订和分析学生学习的定期基准评估，学区领导、学校领导和课堂教师可以衡量学生是否在朝着大家一致认为最重要的方向发展。领导者可以将这些指标与教学轮访和教育案例记录相结合，分析课程、教学和评估的一致性。学区领导者可以依据不同目的，指导校长进行调研和交流，探讨对形成性评价工具的使用，帮助校长找出这些工具的优点，调整与总体目标不一致的地方，培养整个学校体系的凝聚力。

促进学校之间的走访观察*

为了更好地了解在课程、教学与评估方面有哪些高效的做法，学区工作人员可以找出一些示范学校，这些学校已经有一些经过设计、教学、调整和评估的最佳实践活动，可以帮助教师和学生获得成功。学区工作人员可以帮助安排其他教育工作者走访这些示范学校，在走访期间，教育工作者小组（由一名校长、一位教学领导者和若干名教师组成）可以观察他们正在实施的重点策略。在每次走访期间，参加走访的人员可以使用附录 B.21 中提供的工具来集中他们的注意力、指导他们的观察和讨论。另外，示范学校的教师还可以通过强调为实施和制度化某些实践、过程和准则而采取的具体步骤，分享他们实施过程的具体细节。这一策略不仅整合了系统内专业人员的工作，同时还为学校之间形成新的、强有力的学习伙伴关系创造了机会。

判断标准四

引导性问题：我们如何使用数据化的资料来指导我们的教学和干预工作？

行动理论：教育已经成为一个具有海量数据的领域。领导者和工作者需要确保他们使用和分析数据的能力可以用于教学和干预工作（Boudett et al.,2005）。如果校长能够提升监测系统，使用获得的实时数据化的资料帮助领导者团队和教师进行教学和干预决策，那么所有学生都将获得适当和严谨的学习机会。

在表 4.5 中，校长的持续性反思描述了该判断标准中与领导行为相关的思考深度。每个阶段的右栏是判断标准中为了培养反思能力而对应的聚焦行为。具体指南请参考校长反思性循环（见图 2.2）和焦点反思性问题。

表 4.5　校长持续性反思：教学领导者的判断标准四

无意识阶段		有意识阶段		行动阶段		优化阶段	
不了解也不使用现有数据（如学生、员工、学校等相关数据）	培养意识	收集数据，可能会也可能不会用它来改进自己的行动计划	有目的地计划	分析数据，制订和优化行动计划	精确地评估影响	提升监测系统，使用实时数据指导团队和教师的教学和干预决策	积极回应

路径一：学校层面

使用学生工作操作规程*

通过使用广泛应用的操作规程，校长们可以确保教师和领导者团队是根据学生需求而做出的教学和干预决策。当同事们遵守操作规程（专业交流中一套公认的指导方案）时，结果往往会形成一个充满丰富对话、创新思维和难以置信的专注力的讨论。步调一致操作规程（见附录 B.10）中为大家提供了检验学生工作，并以此做出教学和干预决策的指南。例如，一名教师可以首先设置特定教学或学习活动的背景，然后分享自己学生作品的样本。接下来，教师的同事可以参与到一组有组织的问题和交流中，理想的情况下，这些问题和交流可以加深教师的理解，揭示一个新的观点，或者提供向前发展的策略。对校长来说，颁布这个操作规程仅仅需要遵循指南，并在之后仔细汇报实施过程。在教师们努力相互支持的同时，这一后续工作是解决问题和精简团队工作的关键一步。

采用数据操作模型*

为了系统性地指导教学实践，学校必须有长远的数据化的资料研究循环体系，以指导教学和干预决策。数据操作模型是一个系统过程，方便教师使用，可以用于在多周的周期内回顾和响应获得的数据化的资料。校长可以利用这个模型推动大家对形成性评价数据化的资料的重视。Daniel Venables（2014）在附录 B.22 中概述了这个循环周期，其中包括一系列面向数据的教师团队会议。在包含的五个协作会议中，每一个都有非常明确的方向：提问关键问题、三角验证数据（通过三个方面互相印证数据的可靠性）、确定目标、计划行动，以及在实施阶段之后分析结果。当校长带领团队设定目标并参与会议，和团队一起确认进展并优化其工作时，这种专业环境就会变得更加数据化，最终目标就是帮助教师将数据化的资料应用到实际活动中去。有了这些经验和专业知识，教师团队也会逐步接受这种模型的灵活可变性，从而不断改进自己的教学工作，让自己更加关注学生的学习成果以及目标的实现。

路径二：学区层面

设定数据化目标

校长督导员和中央办公室工作人员可以帮助校长明确他们打算收集哪种类型的数据化资料，从而帮助校长不断提升。一旦设定了愿景，那么学校改进计划（及同等的学区改进计划）和重要成果也就明确了，学区官员就可以概述出数据的类型，还可以得出衡量某些计划和目标是否成功的具体指标，这些也都是他们的校长所需要的内容。通过明确需要哪种信息，校长督导员可以指导校长如何选择学生成绩、教师看法、环境调查、社区反馈和观测资料等方面的数据，这样就可以提升整个系统内领导者的数据意识和数据素养。

让校长参与基于数据信息的交流*

数据信息收集好以后，学区工作人员可以通过主持学区基于数据信息的交流来跟进，让校长对学校里自己和同事的数据进行严格分析。首先，学区需要在一年中定期向校长提供及时的数据资料，这些数据资料的重点应该放在学校和学区共同目标中出现的变革和挑战，如学校管理者如何测量学生学习，然后如何据此制定特定学业标准的基准评估。校长督导员和辅导员可以根据附录 B.6 提供的操作规程，在数据分析的基础上，继续支持校长之间的集中交流，获得解决问题的具体方法。另外，这个策略还可以帮助校长在自己学校形成一套基于数据信息的交流模式。

如何着手进行

作为教学领导者，对校长的角色有一个全面的了解是一回事，而将复杂的策略库应用到学校或学区细致微妙的情境中又是另一回事。在我们建议行动方案前,首先要明确:如果校长或学区领导将本章中讨论的策略当作"行军号令",照着策略列表进行,并在"完成"后检查一下,这既不是我们的初衷也不是我们的期望。相反,它们是作为一个教学领导者成长的选择,同时也是作为一个反思型实践者成长的选择。

在接下来的部分(见表4.6),我们提供了自我评估指南来为你们的下一步厘清思路,明确方向。尽管这些也可以作为自主成长工具,但最好是与同伴、同事和督导员合作使用,这样收获最大。对于校长督导员和学区工作人员来说,在与校长制定目标、分析成绩和制定教学领导力的培养方案时,这个指南尤其有用。

表4.6 校长作为教学领导者的自我评估指南

	无意识阶段	有意识阶段	行动阶段	优化阶段
判断标准一:能够培养充满活力的专业学习共同体,培养全体员工的协作能力	尚未制定建设专业学习共同体的具体步骤	组织学校员工参加一些专业学习共同体相关的活动	促进专业学习共同体相关工作的实施	培养有朝气的、公平的、以学生为中心的专业学习共同体,培养全体员工的协作能力

1. 你为什么认为这个阶段可以精确地代表你对于这个判断标准的想法?
2. 你需要关注校长反思性循环的哪个行动来让自己成长为反思型教育工作者?(见图2.2)
   培养意识   有目的地计划   精确地评估影响   积极回应
3. 当你展开行动时,判断标准一下面的哪个策略最有助于你的成长?

	无意识阶段	有意识阶段	行动阶段	优化阶段
判断标准二:能够通过差异化监督、辅导、反馈和评估来培养全体员工的个人能力	坚持进行常规的观察活动,但也仅限于此	能够完成正式的教学评估过程,可能会也可能不会采取进一步的教学监督	对教学进行监督和管理,为教师提供反馈	通过差异化监督、辅导和评估活动,培养全体员工的个人能力和集体能力

续表

1．你为什么认为这个阶段可以精确地代表你对于这个判断标准的想法？

2．你需要关注校长反思性循环的哪个行动来让自己成长为反思型教育工作者？（见图2.2）

    培养意识   有目的地计划   精确地评估影响   积极回应

3．当你展开行动时，判断标准二下面的哪个策略最有助于你的成长？

	无意识阶段	**有意识阶段**	**行动阶段**	**优化阶段**
判断标准三：能够确保严谨的课程、以研究为基础的最佳教学实践、形成性和总结性综合评价方法的一致性	维持课程、教学和评估的现状	采取行动改进课程、教学和评估活动	协调课程、教学和评估活动	确保将课程、教学和评估与学生需求结合起来

1．你为什么认为这个阶段可以精确地代表你对于这个判断标准的想法？

2．你需要关注校长反思性循环的哪个行动来让自己成长为反思型教育工作者？（见图2.2）

    培养意识   有目的地计划   精确地评估影响   积极回应

3．当你展开行动时，判断标准三下面的哪个策略最有助于你的成长？

	无意识阶段	**有意识阶段**	**行动阶段**	**优化阶段**
判断标准四：能够推动使用实时数据监测系统对教师、团队和学校进行指导和干预	不了解也不使用现有数据（如学生、员工、学校等相关数据）	收集数据，可能会也可能不会用它来改进自己的行动计划	分析数据，制订和优化行动计划	提升监测系统，使用实时数据指导团队和教师的教学和干预决策

1．你为什么认为这个阶段可以精确地代表你对于这个判断标准的想法？

2．你需要关注校长反思性循环的哪个行动来让自己成长为反思型教育工作者？（见图2.2）

    培养意识   有目的地计划   精确地评估影响   积极回应

3．当你展开行动时，判断标准四下面的哪个策略最有助于你的成长？

自我评估指南说明

1. 按照每个判断标准回顾校长持续性反思的各个阶段。
2. 在每个判断标准中，把与你的反思倾向和专业活动相关的词或句子都重点画出来并记下笔记。
3. 根据你认为自己所处的校长持续性反思阶段，在反思性循环中明确你需要重点关注的行动。

    a. 如果你正处于"无意识阶段"，你的目标就是培养意识。

    b. 如果你正处于"有意识阶段"，你的目标就是有目的地计划。

    c. 如果你正处于"行动阶段"，你的目标就是精确地评估影响。

    d. 如果你正处于"优化阶段"，你的目标就是积极回应。

4. 从路径一（学校层面）或路径二（学区层面）中，选择一个可以帮助你达到此标准的策略。
5. 当完成了校长作为教学领导者四个判断标准所规定的任务之后，通过与其他成员合作，选择你准备关注的一个关键标准。
6. 使用附录A中的"反思型领导者规划模板"，设计周密严谨的计划，帮助自己成长为教学领导者和反思型教育工作者。

第5章

校长作为组织型领导者

校长是学校的名誉领袖。作为整个学校的形象代言人，校长是最终的榜样——向人们展示什么是重要的，什么是不容置疑的，并表达对重点工作和一些行动的期望。为了培养对于共同愿景的凝聚力，而我们不能"逼迫"任何人做任何事，因此校长必须扮演组织型领导者的角色。现在高压的领导方式已经走到了尽头。从 Daniel Pink 对激励方面的研究可以清晰地看出：大棒和胡萝卜都不能奏效。那么什么是有效的呢？答案是：自主性、掌控力和使命感（Pink, 2009）。通过不懈努力，强调共同的价值观，校长可以潜移默化地影响整个学校，从而达成人们之间的通力合作。

校长领导力发展框架中对于校长作为组织型领导者有五个判断标准，下文中对每个标准都会详加阐述，同时在本章结尾也提供了每个判断标准关于领导能力培养的策略。

判断标准一：能够始终优先考虑建立和培养有利于儿童全面发展的环境：健康、安全、投入、支持和挑战。

判断标准二：能够在家长群体、地区、商界、政界和更大的社区范围内

The Principal Influence

建立和培育伙伴关系，以支持学校使命和愿景的实现。

判断标准三：能够通过评估、分析和预测新趋势，与全体员工和学校一起采用精通变革的方法，推动并引导积极的改变。

判断标准四：能够保护社区的价值观、道德观和公平做法，倡导面向所有儿童，重视多元化。

判断标准五：能够制定政策和措施，培养具有反思精神的员工。

判断标准一：能够始终优先考虑建立和培养有利于儿童全面发展的环境：健康、安全、投入、支持和挑战

尽管对学生成绩的重视导致了对有效教学实践的重新关注，但它也产生了一个意想不到的后果：要求教育工作者关注儿童全面发展。ASCD 引领着这一潮流，在 2007 年提出了儿童全面发展倡议，"将关于教育的讨论从狭隘的学业成绩转向了促进儿童的长期发展和成功"（ASCD, 2015）。在确保学校和社区接受儿童全面发展的宗旨方面，管理者发挥着非常重要的作用。这一宗旨致力于创造一种环境，在其中每个学生都是健康的、安全的、投入的、得到支持的和充满挑战的。校长要保持全球视野，认识到进入大学和对职业的准备程度不是一个测验分数就能说明的，要引导政策和舆论，将每个学生作为全面而独特的人，这样校长作为组织型领导者才可以真正代表学校的每个孩子。

作为组织型领导者的校长在行动

在巴尔的摩郊区马里兰州乔帕市马格诺利亚小学工作的员工们认为自己的每个学生最终都会成功。学校共同体的成员齐心协力支持儿童全面发展，他们为超过 90% 的学生提供免费或优惠的午餐。

> 校长 Patricia Mason 将这些归功于愿景中所说的"延伸、教育、学习……改变生活",也归功于成年人对这一优秀成功经历的信念。
>
> 员工通过将校园分隔为不同的"家园",让教师和支持保障人员与 500 位学生建立紧密的联系。社区花园、与当地艺术家的伙伴关系、马里兰大学以及基于信仰的组织,这些都使其积极的行为干预和支持的方法更有效,还能将儿童全面发展教育原则整合进来。
>
> 一谈到马格诺利亚小学,总是少不了谈及教师领导力。校长 Mason 觉得发挥教师的领导力是学校成功唯一的选择。她把权力下放,并进行多方指导,最后,马格诺利亚小学在"2015 年愿景行动"中获得"ASCD 儿童全面发展奖",并被评为"2015 年度马里兰特色学校"。

学区领导和校长督导员的责任跟校长类似,因为他们的影响力范围可以延伸到整个学校和所有校长。通过制定组织结构和制度,允许所有校长提供个性化的学习选择,为学区内所有领导者和员工提供专业学习机会,并为执行儿童全面发展原则设定标准,学区领导者可以建立有利于儿童全面发展的系统(Brown, 2008)。校长们在深入研究这项工作时需要一定的支持,而学区的支持对成功实现这一目标起到至关重要的作用。

判断标准二:能够在家长群体、地区、商界、政界和更大的社区范围内建立和培育伙伴关系,以支持学校使命和愿景的实现

正如我们之前提到的,"养育一个孩子需要举全村之力"这句话很适合用在教育上。虽然商业伙伴、社区成员和政治盟友可以提供急需的资源来支持学校的教育项目,但让更大范围的共同体(包括家长和家庭成员)参与进来有另

The Principal Influence

一个好处：大家有了对学生成功的共同信念和目标。Hattie 认为："学校需要与家长合作，让家长对孩子形成有一定高度和挑战性的期望，然后让孩子和家人能够认识到这些期望，甚至将来能够做到超越这些期望。"（2009, p. 70）

那么校长如何有效地与家长以及外部学校共同体进行合作呢？可以邀请更多的人参与，乐于沟通，创造机会让人们参与管理，这些都有利于建立联系，从而可以加强对学校及其使命的支持（Marzano, 2003）。校长们必须寻求外部合作，而外部主动寻求与学校的合作则不多见。

> **作为组织型领导者的校长在行动**
>
> 你随便一翻阅新闻评论，就能看到很多对教育不利的评论。以 Prim Walters（太阳谷小学的校长，该学校是内华达州华秀区指定的重整学校）为例，她做了大量工作来重新恢复公众对学校的信念和信任。Walters 愿意与成年人共事，与他们建立良好关系，并指导他们，帮助他们成长。她利用自己的地位来捍卫这一观点："我们学校是社区的核心，也是安全的港湾。"
>
> Walters 打电话向当地企业介绍自己，在街边的熟食店点员工午餐，鼓励员工（包括她自己）进行家访，利用社交媒体宣传学校的成功，从而能够与相关群体有条不紊地建立起相互支持的关系。Walters 的乐观和热情把人们团结在一起。"人们想要有一些他们可以相信的东西，他们想成为成功的一分子，他们想要得到激励。作为校长，我拥有巨大的力量来发挥这个协同作用。"最终，学校的成功将会增强其作为社区希望之"灯塔"的地位。

从更大范围上说，学区办公室也必须在社区内招募人员、吸引多方参与和维持有价值的关系。更直接地说，校长督导员可以通过各种方式支持校长的工作，如向各方引荐，把校长的工作放在首位，还有提供与其他学校建立联系的优秀案例。学区领导者可以通过强调校长进行组织活动的重要性，从而进一步支持领导者进行一些跟建立共同体有关的工作，这些组织活动主要涉及：传递愿景、吸引利益相关者的加入、邀请公众进入学校以及积极履行公共关系职责。内行的学校领导者都知道，一个信息通畅和高度参与的共同体对缩小成绩差距是多么重要（Price, 2008），所以这就是校长作为组织型领导者的核心作用。

判断标准三：能够通过评估、分析和预测新趋势，与全体员工和学校一起采用精通变革的方法，推动并引导积极的改变

著名的企业管理专家爱德华兹·戴明说道："如果你不打算活下去的话，改变也就没什么必要了。"当然戴明也开玩笑说："如果不是为了人们自己的话，那改变就是一件很容易的事。"本着这样一种精神，学校领导很明白：我们的事业最基本的要素之一就是不断变革。任何在这个领域工作了一段时间的人都经历了无数的变化，从班级花名册到各种标准，从领导力组织结构到课程，还有从全体人员到我们孩子的预期成长和发展。为了对变革过程进行有效的管理，校长们必须协调短期目标和长期愿景，培训和鼓励员工接纳变革，使学校形成积极的文化氛围,渴望积极的、激动人心的变革和进步(Reeves, 2009)。每个学校都有着自己特定的背景，因此变革的性质和速度将会千差万别。校长引领大家去理解和促进变革，以实现共同愿景。

The Principal Influence

> **作为组织型领导者的校长在行动**
>
> Taj Jensen 是"2015年华盛顿国家杰出校长"获得者。当他被任命去带领科洛佛公园（华盛顿）学区的泰伊公园小学走出困境时，他知道这个职位肩负着大家对实施重大变革的期待。面对州和联邦问责制下的多种处罚，泰伊公园小学是时候进行重整了。Jensen 会见、倾听和了解了每一个利益相关者及其群体，并和他们一起加入学校共同体。根据学校的背景和需求，他推出了一项大胆的变革计划。
>
> 他对员工严格要求，提高了学生成绩的标准，不接受一切借口。他呼吁道义责任，并请求将那些不尽心尽力工作的人调走。"沟通是关键，"Jensen 说道，"所有事情都要对员工说清楚，不在背后放暗箭。所有员工可以随时掌握所有情况。"
>
> 一切摆到桌面上说清楚以后，他撸起袖子开始领导大部队着手实施。Jense 让员工加倍重视数据分析、目标设定和专业能力的培养。"随着学校的面貌发生改变，我也会改变方式迎合变革需求。到现在为止，我一直强调学校的使命，也进行了很多次激烈的讨论。"如果过去的成绩是指示信号，那么离未来的成功就不远了。

学区领导同样需要支持校长从事这个富有挑战性且常常令人惶恐的工作。由于变革永无休止的本性，教育工作者（教师和校长都一样）常常觉得他们的目标在不断变化。校长督导员和学区领导可以帮助校长厘清目标并保持长期愿景的一致性。至少，这种稳定性可以给那些感到脚下地动山摇的人带来一些安慰。学区工作人员将变革看作一种力量——"一方面是极速的和非线性的，另一方面则带着创造性突破的巨大潜力"（Fullan, 2001, p. 31）——以此支持校长，培养当前和未来的领导者。

判断标准四：能够保护社区的价值观、道德观和公平做法，倡导面向所有儿童，重视多元化

作为学校的名誉领袖，校长有责任为所有的孩子说话，并作为主要的倡导者。在政策上、程序上和实践中，学校领导者必须抛弃"人口因素决定国家命运"的观念（Payzant, 2011），他们应该竭尽全力保障每个学生的成功。社会经济地位、种族、语言障碍，还有许多其他的因素长期以来阻止了我们体系内很多学生的进步，但在热情、坚定、乐于提供支持的领导者眼中、在他们心里和在他们的影响下，这些阻碍因素对前景光明和梦想远大的孩子来说，都显得没那么重要了。

本书作者之一 Deborah Childs-Bowen 赞扬了公平的美德，她说："几代人以来，阅读、写作和算术（Reading，wRiting，aRithmetic）这三个"R"驱动着教育……现在是时候提出教育词汇中的四个新的"R"了：尊重、责任、关系和结果（Respect，Responsibility，Relationships，Results）。"（2006, p.2）校长可以鼓励和影响他们的教学人员、社区，甚至学生自己，去接受一种社会公正和公平的教育体验，去赞美学生群体中奇妙的多元化，去拥护一种信念，即所有的学生都将成为人生游戏中的赢家。

作为组织型领导者的校长在行动

2009 年，Marc Cohen 成为 ASCD 的"杰出青年教育家"奖得主，这是为了赞扬他在马里兰州蒙哥马利县公立学校马丁·路德·金博士中学时，为消除学生成绩的种族可预测性所做的富有激情的工作。几年之后，Cohen 带着同样的激情和相同的目标开始了自己在塞内卡山谷高中的校长生涯。倡导公平、谈论种族和深度讨论根深蒂固的价值观是一种可怕的工作，但是这对于学校的提升确实具有至关

> 重要的意义。
>
> Cohen 很清楚他自己的重点和使命，即建立公平的、对所有学生充满高度期望的环境。员工和到访者都会经常听到他十分热情地说："我相信，每一个走进我们学校大门的学生都有能力取得优异的学业成绩，作为校长，我有责任确保这一点——为他们提供世界一流的教学质量，帮助他们发挥自己最大的潜能。"员工也高度认同这一信念，同时几乎在学校的各个角落都做出了改进。对于 Cohen 来说，为承诺而活是工作的基石，他说："永远不要低估坚持不懈的力量。"

学区工作人员必须通过制定政策和工作流程来支持他们的校长和这样一种理念：在我们的关注和培养下，所有的孩子都能够也终将会成功。他们可以通过为学校领导者提供研究、选择余地和工具来减少他们态度之间的落差。杰出的学校领导者 Baruti Kafele 将这种落差定义为"那些有意愿追求卓越的学生和没有意愿的学生之间的差距"（2013, p.13）。有趣的是，在学校系统中，教师、校长们和其他成年人的态度也存在落差，而内行的校长可以就此实现一些里程碑式的变革。

判断标准五：能够制定政策和措施，培养具有反思精神的员工

我们想到什么就去做什么。我们只需研究一下关键词汇的反义词，就能知道自我反思有多重要。例如，加强意识的反面是完全忽视；有目的地计划的反面是心不在焉；评估进展的反面是冒失推进；积极回应的反面就是一直不理不睬。

这些是我们在描述我们的职业教育工作者时想要使用的术语吗？用约

翰·杜威的话来说，反思型教育工作者是"根据尚未出现和未来的事物采取相应行动"（1910, p.14）。他们可以预测、推断、推论、分析，然后展开设想。校长们非常了解这种深思熟虑的价值，他们有意设计一些方法来提升员工的目的性和自我反思能力。通过培养这样一种成长型思维，领导者可以强化"努力是成功的关键"（Dweck, 2006）这样的观念。

作为组织型领导者的校长在行动

长期以来，培养教师的反思能力一直是本书作者之一 Alisa Simeral（在内华达州的里诺市太阳谷小学担任学校重整辅导工作）的兴趣所在。Simeral 通过与学校支持团队（校长、法律顾问、ELL 专家、特教教师、心理学家和教学培训者）合作，提出一个以学生为中心的季度性反思会议流程。一年有四次机会，每位教师都与团队成员坐在一起，从所有能想到的方面，从学习者和年轻人的角度，对每一位学生进行研究和讨论。

教师可以通过如下实践与团队一起进行丰富、深入的合作性反思：仔细检查出勤率、行为、作业资料、教育案例记录、教师观察及各种策略的成功率。最初员工还觉得不太习惯，因为他们以为只是"报告"一些学生的表现。现在这些实践活动已经成为一项进入反思性循环的变革性运动：教师认识到学生的需求，谨慎地选择教育策略，注意到什么有效和什么无效，然后优化自己的教学以满足每个学生的学习目标。现在这个已经深入人心，成为一种普遍现象了。据 Simeral 所述："教师们经常聚集在走廊和员工休息室进行自由讨论和解决问题。这种新的模式就是讨论学生的学习，并反思自己的实践。"

一个学区其实就是一个规模大得多的学校（当然取决于学区的大小）。尽管培养"唯命是从的人"和形成一种追随者的文化看起来更容易些，但学区在长远目标上的成功仍然主要取决于自己的人力资本——其人员进行批判性思考和反思的能力（Hall & Simeral, 2015）。虽然以实践为例来定义什么是实践可能会有点冒险，但本书中许多策略和应用都清楚地完成了这一任务。学区官员要建立一种环境，让校长能够学习和实践，并能应用一些重视和鼓励发散思维、公开讨论、透明制度、参与和创新的程序。

成长为组织型领导者：反思性成长策略

在接下来的内容中，我们将提供一些策略来培养校长这方面的领导能力。每一个策略都可以为校长（路径一）和学区督导员（路径二）提供机会来厘清工作，让他们集中精力关注长期成果，即在这些判断标准中，发展并优化反思性实践，同时强化专业知识。简单地说，我们的目标是让校长作为组织型领导者，在改进阶段发挥作用。

我们提供的策略只是每个判断标准中很多成长策略的范例（见表 5.1）。我们选取了效果较好和普遍适用的策略，很多包含了工具、模板、操作规程和表格（见附录 B），目的是提供即时可操作的、易于执行的策略，减少研究和实际应用之间的落差。

在充分理解优秀的组织型领导者的角色和标准之后，我们首先要进行诚实的自我评估，把每一个标准都当作你领导难题的一部分来思考。在每个判断标准中，我们都增加了一个简短的自我评估指南，帮助领导者探究自己目前的思考能力和技术水平。在反思型领导者规划模板（见附录 A）中，我们建议校长（副校长或储备校长）和他们的督导员/导师/辅导员一起描述和记录他们自己的现状，如他们在校长持续性反思中做到哪一步了。

表 5.1　校长作为组织型领导者的策略纲要

	判断标准一：能够始终优先考虑建立和培养有利于儿童全面发展的环境：健康、安全、投入、支持和挑战	判断标准二：能够在家长群体、地区、商界、政界和更大的社区范围内建立和培育伙伴关系，以支持学校使命和愿景的实现	判断标准三：能够通过评估、分析和预测新趋势，与全体员工和学校一起采用精通变革的方法，推动并引导积极的改变	判断标准四：能够保护社区的价值观、道德观和公平做法，倡导面向所有儿童，重视多元化	判断标准五：能够制定政策和措施，培养具有反思精神的员工
路径一：学校层面	• 将对儿童全面发展的关注融入学校改进计划中 • 盘点儿童全面发展的潜在合作伙伴*	• 分析受众* • 利用现有资源	• 确定变革准备程度* • 直面恐惧，拥抱希望*	• 反思公平性领导力* • 支持教师与学生建立联系*	• 进行反思性自我对话 • 通过课例研究培养反思能力*
路径二：学区层面	• 优先实施儿童全面发展方案* • 一起学习和工作	• 跨学校合作引领学校层面的沟通规划*	• 引领变革管理工作* • 通过建立合作来管理变革*	• 为特贫学校制定发展框架 • 确保全校的道德行为* • 进行公平性审查*	• 从不同角度进行角色扮演 • 采用一定的模式来培养反思能力*

（注：标有*的策略包含相关的工具/模板/操作规程/表格，见附录B）

与同事们、督导员和专业知识圈中的其他人一起仔细检查后面的策略范例，然后一起自由讨论想出其他策略之后，使用反思型领导者规划模板记录下你会采取的有效措施，来帮助你或你的校长发展成为一个反思型组织领导者。在设定目标的过程中,对话、合作和伙伴都能发挥很大的优势。你可以随意使用这些资源,制订和优化一个清晰、聚焦和以反思为导向的计划。

判断标准一

引导性问题:我们如何培养一种有利于儿童全面发展的环境?

行动理论:每个孩子的成功之路都和他们自身一样独特且复杂。优秀的学校相信每个学生一定是健康的、安全的、投入的、得到支持和充满挑战的。如果校长一直把培养有利于儿童全面发展的环境放在首要地位,那么每个学生都会为当下的成功和未来的理想做好充分准备(Parrett & Budge, 2012)。

在表 5.2 中,校长的持续性反思描述了该判断标准中与领导行为相关的思考深度。每个阶段的右栏是判断标准中为培养反思能力而对应的聚焦行为。具体指南请参考校长反思性循环(见图 2.2)和焦点反思性问题。

表5.2 校长持续性反思:组织型领导者的判断标准一

无意识阶段	培养意识	有意识阶段	有目的地计划	行动阶段	精确地评估影响	优化阶段	积极回应
管理学校的日常运行,但不强调儿童全面发展宗旨		了解儿童全面发展宗旨,但没有具体的推行方案		制定组织结构和操作流程,推行儿童全面发展宗旨		始终优先考虑创设有利于儿童全面发展宗旨的环境	

路径一:学校层面

将对儿童全面发展的关注融入学校改进计划中

ASCD 的儿童全面发展方案就是一个可持续的学校提升理念。儿童全面发展学校提升工具(Whole Child School Improvement Tool)是建立在健康、安全、投入、支持和挑战的宗旨之上的一种需求评估(更多详情请访问 ASCD

的儿童全面发展网站 http://www.wholechildeducation.org/)。当校长、员工和社区一起把这个框架融入学校改进计划中去的时候，这个宗旨及各种组成部分都可以对校长进行支持。校长可以从完成上述网站提到的需求评估开始，然后让团队中其他的管理者也照着做。团队可以对结果进行调查研究，以确定在哪些地方对最紧迫或最重要的需求领域存在共识。下一步将是让员工完成需求评估。利用几次员工会议来汇报结果。让员工使用数据审查协议以小组形式审查结果。在员工会议结束时，要就下一步行动达成一致，明确如何使用数据给出的重要信息推进学校改进计划。

盘点儿童全面发展的潜在合作伙伴*

当与院墙之外的多个伙伴通力合作时，儿童全面发展方案才能取得最好的实施效果。校长及其领导班子可以共同建立学校合作伙伴的名单，以支持学校改进计划中的儿童全面发展方案。集思广益，讨论每个潜在合作伙伴可能会提供的支持。使用以下分类列表：社区学院/大学、企业/公司、服务学习机构、健康与公共服务机构、多年龄段服务机构、文化机构以及宗教组织（附录 B.23 中提供了儿童全面发展合作伙伴的详细名单）。通过头脑风暴和讨论，指派团队成员（其中的一些人可能已经与名单中的个人或组织取得了联系）对接潜在的合作伙伴，并邀请他们参加初期会议，了解更多的儿童全面发展宗旨以及它们如何使学生和家庭受益。

路径二：学区层面

优先实施儿童全面发展方案*

将儿童全面发展问题的解决方法和决策过程融入学区领导者与校长开展的工作中，这会确保儿童全面发展宗旨被视为学区文化的一个重要方面。督导员、辅导员和导师在战略规划会议和领导力发展会议上和闭会期间可以使用儿童全面发展问题解决和决策制定问卷（见附录 B.24），以支持对儿童全面发展系统成果的关注。校长可将所学知识运用到自己的学校中，向员工提出同样的问题，进一步凸显这一方案的价值和重要性。

一起学习和工作

为了解学校领导、辅导员和学区官员所能利用的儿童全面发展资源，可以免费使用儿童全面发展学校提升工具（见网站 http://www.wholechildeducation.org/）。在了解现有资源之后，辅导员和学区工作人员可以制定培训策略和行动步骤，以支持校长将儿童全面发展方案融入学校的使命和愿景、学校、与社区的合作和学校改进计划中。

判断标准二

引导性问题：我们如何使整个社区支持我们的共同愿景？

行动理论：教育是一个社区的共同责任。很多研究和常识都证实了社区的积极参与对孩子教育的重要性（Price, 2008）。如果校长创造、培养、维护与外部机构和单位的伙伴关系，以支持学校的使命和愿景，那么整个社区就会同心协力使学生取得最大的成功。

在表 5.3 中，校长的持续性反思描述了该判断标准中与领导行为相关的思考深度。每个阶段的右栏是判断标准中为培养反思能力而对应的聚焦行为。具体指南请参考校长反思性循环（见图 2.2）和焦点反思性问题。

表 5.3　校长持续性反思：组织型领导者的判断标准二

无意识阶段	培养意识	有意识阶段	有目的地计划	行动阶段	精确地评估影响	优化阶段	积极回应
不寻求与外部机构和组织合作的机会		在需要或被要求的情况下，与外部机构进行合作		与外部机构和组织主动地建立联系		创设、培养并维持与外部机构和组织的合作关系，用以支持学校的使命和愿景	

路径一：学校层面

分析受众*

持续开放的交流是双向的。优秀的校长会为双方提供工具和指南，讨论他们的沟通需求：让员工认识到与社区接触的优势和挑战，以及让不同的社区团队分享他们与学校联系时的期望和担忧。通过收集这些反馈（通过访问或主持各种组织的小组会议）和开展行动，校长可以展现自己的诚信和他们在维护有效沟通方面的价值观。有了社区的反馈，校长可以在年初召开员工大会，了解员工对于学校人员结构、政策和文化方面的看法，分析学校如何与外部单位建立联系，集思广益提出创造性方法与不同团队进行沟通。最后制定并发放在该年度内与社区沟通联络的指导方针，作为本次活动的结果。这些指导方针也会加强对社区和学校合作的承诺。可以参考附录 B.2 中的个性化战略沟通规划。

利用现有资源

培养一群积极参与的教育伙伴可以为学校提供不可估量的支持，帮助学校实现其使命、愿景和学校改进计划的目标。优秀的校长可以利用学校中的现有资源来参与此项工作。通常，学校所处的社区都有很多企业、办公楼、组织和机构。社区学校的使命是，如果有机会（或受到邀请），这些潜在的合作伙伴将愿意成为盟友。校长们可以通过邀请代表们参加学校的活动、经常参观他们的机构，或者只是简单地做一下自我介绍来和这些潜在的合作伙伴进行最初的接触。在这些交流活动之后，校长们可以利用诸如 Facebook 和 Instagram 之类的社交媒体平台来分享图片、表示支持以及对支持表示感谢。随着伙伴之间关系越来越紧密，校长可以就此提出建立正式的伙伴关系。通过研究这些合作者的优势和已有资源，学校就可以解决那些可能被忽视的宝贵需求。

The Principal Influence

路径二：学区层面

跨学校合作

Porterfield 和 Carnes 认为："在我们很多社区中，80%的公民没有孩子在公立学校上学。为了获得社区的支持，我们必须确保这些公民对学校有一个准确的认识并能看到学校和他们的成功之间的联系。"（2008, p.154）学区工作人员可以组织校长们到附近社区中来协同工作并制定战略，与更大的社区讨论他们的学校使命和相关活动。校长可以在当地的社交媒体上（如博客、简报）合作撰写和发表文章。直通学校（feeder pattern，小学和初中一贯制的高中定点学校）的校长们可以一起为大家讲解 K-12（幼儿园到高中）方案，与学生和家长通过协会会议、公寓会议和社区中心会议进行联系。直通学校的校长也可以在社区举行"返校夜"活动，为无法到学校上学的家庭提供帮助。通过这种方式，校长可以分担他们所在社区的责任，而且可以让他们的时间得到最大限度的利用。

引领学校层面的沟通规划*

对优质的学区领导力发展的支持，通常包括支持校长为学校制定个性化的战略沟通规划。校长制定规划时，校长督导员可以为他们提供指导、辅导和反馈。校长的规划包括沟通策略和工具以及目标群体，涉及以下七个领域：①提供关于学校计划、事件和活动方面的信息；②提供关于学生学习、进步和成绩方面的信息；③提供关于学校帮助孩子们学习和他们学习成就方面的信息；④培养所有学生对学校的归属感；⑤积极主动地争取媒体的正面报道和关注；⑥培育富有成效的工作环境，提高员工的职业素养和社区意识；⑦为家长/家庭和学校之间的实质性合作创造机会。沟通规划应该是公开的，而且所有员工和其他学校利益相关者都可以使用。参见附录 B.25 中提供的一个模板的修改版本，重点关注教学领导力目标。

第 5 章 校长作为组织型领导者

判断标准三

引导性问题：我们如何引导变革过程给我们的工作带来积极的影响？

行动理论：变革是不可避免的，就像 Hall 和 Simeral 说的，变革是"进步的先决条件"（2008，p.6）。学校领导面临的挑战是如何重塑学校文化，使之成为变革过程中的积极参与者。如果校长通过评估、分析和预测未来发展趋势来引领积极的变革，那么学校将朝着共同的愿景发展。

在表 5.4 中，校长的持续性反思描述了该判断标准中与领导行为相关的思考深度。每个阶段的右栏是判断标准中为培养反思能力而对应的聚焦行为。具体指南请参考校长反思性循环（见图 2.2）和焦点反思性问题。

表 5.4　校长持续性反思：组织型领导者的判断标准三

无意识阶段	培养意识	有意识阶段	有目的地计划	行动阶段	精确地评估影响	优化阶段	积极回应
允许变革阻碍行动，并且/或者中断学校的运作		抗拒变革，并且/或者对于变化的环境能做到立即行动		将变革视为学习和成长的机会		通过评估、分析和预测新趋势引领积极的变革过程	

路径一：学校层面

确定变革准备程度*

变革是不可避免的，可以说变革就是教育事业的本质。但是，在发起一场重大变革前，优秀的校长会确定学校对新的行动、过程或计划的准备程度。调查结果（如变革准备程度评价标准，见附录 B.26）可以让校长及其领导团队了解学校员工对未来重大变革的开放性、热情程度和稳定性，以迎接可能进行的重大变革。使用或修改此工具以收集关键数据：学校的历史、感知到的变革需求、员工的变革意愿、对领导者的信心、变革计划以及变革实施所

97

需的技能。反过来，这些信息可以用来制订计划，以此来建立和保障实施重大变革所需的条件。

直面恐惧，拥抱希望*

即便最具合作精神的校长也知道，有些时候他们必须简单地进行某些变革，这是这个职业不可避免的现实。在那期间，学校领导者可以积极帮助员工理解新的期望、背后的理由，以及这种变革对个人和系统产生的影响。为了帮助员工做好准备，要允许他们表达自己对于变革"最大的担心"和"最大的希望"。这在一些小组里（各个年级的小组或部门）可以最有效和最安全地完成。

在跟员工说明变革的事实和详细情况后，让员工写下并分享他们"最大的担心"，然后以同样的方式让他们写下和分享他们"最大的希望"，这样校长们可以全方位观察并印证员工对变革的情绪，包括正面的和反面的。这个简单的工具——"恐惧和希望：变革准备程度视角"（见附录 B.27），可以帮助指导校长开展这些方面的沟通。可以利用共享信息，确定需要哪些方面的支持来缓解员工的恐惧，同时也可以让员工看到他们的希望会变成现实。

路径二：学区层面

引领变革管理工作*

因为变革在教育中是相当普遍的，内行的学区领导者肯定会把广泛的变革管理理论融入校长的专业学习中。能够清楚 John Kotter 的"六阶段"（Kotter, 1996）和 William Bridges 的"变革三阶段"（Bridges, 1991）的相似和不同之处，研究 Michael Fullan 的"变革的六个秘诀"，可以帮助校长们认识伴随着（或领先于）重大变革所产生的文化变迁。

让校长们提供一些教育案例，明确自己的员工正处在变革的哪一阶段。运用"变革理论要点"（见附录 B.28）这个工具，校长辅导员可以在整个变革过程中采取一些措施来帮助校长领导和管理员工。辅导员可以帮助校长计划如何利用专业发展和合作式学习团队共同推动变革的进行。

通过建立合作来管理变革*

学区领导者有责任支持正在遭遇变革困境的校长团队。校长督导员可以在校长会议或定期安排的领导力发展研讨中嵌入变革管理领导力发展的内容。按照培养方式或年级层次将校长分配到各实践共同体中，学区领导者可以在协作环境中提供持续的支持。在每次会议上留出一些时间，让校长团队列出并讨论他们在学校里领导、计划或预期进行的重大变革。实践共同体就该变革是一级变革（简单实施并需要一些技术性工作）还是二级变革（更复杂，需要心态适应）达成一致。如果变革被确定为二级，那么团队可以使用"变革管理问卷调查"（见附录 B.29）来规划他们如何面对成功、应对挑战和消除障碍。优先考虑实践共同体在一年内定期参与所需的时间，以相互支持，推进改革。

判断标准四

引导性问题：我们如何认可每个孩子的独特性、确保公平并塑造我们的集体价值观？

行动理论：每个孩子都是独一无二的——不管是作为学习者还是普通人（Tomlinson, 2014）。我们必须以这样的方式看待他们，期望他们获得成功，并要求教育体系中的其他人也要遵循这一点。如果校长能通过公平教育的活动，为所有学生呼吁和公开支持多元文化和社会公正，维护社会价值观，那么每位学生都有机会取得卓越的个人成就。

在表 5.5 中，校长的持续性反思描述了该判断标准中与领导行为相关的思考深度。每个阶段的右栏是判断标准中为培养反思能力而对应的聚焦行为。具体指南请参考校长反思性循环（见图 2.2）和焦点反思性问题。

表 5.5　校长持续性反思：组织型领导者的判断标准四

无意识阶段		有意识阶段	有目的地计划	行动阶段	精确地评估影响	优化阶段	积极回应
完成任务，但不考虑社会公正、公平和多元化的问题	培养意识	愿意解决有关社会公正、公平和多元化的问题		执行一定的组织结构和操作流程，支持多元化，提升文化资产的影响力，为学校提供社会公平和公正		保护社区价值观，通过支持所有孩子得到公平教育，表达对多元化和社会公正的认可	

路径一：学校层面

反思公平性领导力*

教育成就差异的普遍存在是闻名已久的。优秀的校长作为组织型领导者，坚定地认为这些差距不应只是缩小，而应予以消除。这些领导者的动力是确保每个学生每时每刻都能公平地获得独特的教育经历。在《勇敢的公平性领导力工具包》（*Courageous Equity Leadership Toolkit*）一书中，Edwin Javius 写道："获得公平意味着运用额外或不同的资源，以确保所有学生获得达到年级标准所需的资源。"（2009, p.16）

为了确保公平，校长和其他领导者必须首先研究和反思他们自己的公平性领导力的专业成长需求。利用"公平性领导力反思评价判断标准"（见附录B.30），校长和学校领导者可以从公平角度审视自己的心态、知识、技能和行动。然后，他们要对结果进行研究，并将这一领域的需求纳入个人领导力发展计划，如他们将采取什么行动来打造自身的能力，丰富其公平性领导力的相关活动。

支持教师与学生建立联系*

"没有重大的关系，就不会产生显著的学习"（Comer, 1995），这句话对于任何一个有志于道德和公平教育实践的人来说，都是一个有力的战斗口号。校长必须确保教师与学生之间的联系，确保公平，同时认可学生在思想、行为、信念和文化上的多元性。为达此目的，校长可通过小组会议或员工会议，提供专业的学习经验，以确保让所有员工都能明白如何将学生的独特性融入教学计划中。为了解释这个过程，本书收录了两个工具。附录 B.31 中的"'我是谁'学生自我评估"能让学生了解并表达自己的独特品质、背景信息、学术能力和兴趣。而"'我的学生'模型"（见附录 B.32）则汇编了课堂中的学生信息，帮助师生了解他们有什么共同点以及每个人的独特之处。通过这两个工具，教育工作者可以建立更强大的学习共同体，设计符合学生需求的学习体验，并能以更好的方式组织课堂，帮助学生实现成功。

路径二：学区层面

为特贫学校制定发展框架

建立研究基地，研究特贫学校领导者如何做才能保证学生的成功，这是校长督导员、导师和辅导员的重要职责。他们开始可以组织校长进行以行动为导向的文献研究。我们强烈推荐《将特贫学校转化为高绩效学校》（*Turning High Poverty Schools into High Performing Schools,* Parrett & Budge, 2012）。督导员、导师和辅导员还应开展面对面的或模拟的进展核查，作为以行动为导向的读书研讨活动的一部分。核查的重点要确保参与者把他们所学的知识运用到学校的实践和政策方面。在这一过程中，使用深入工作的指导和反馈支持，在以行动为导向的读书研讨中确保共同体能够进行经验分享、明确进展和解决问题等活动。

确保全校的道德行为*

确保校长在他们的学校有良好的道德实践和政策，这是确保校长及其领导的教师和学生成功的关键。校长督导员、辅导员和导师可结合使用"道德领导力行动指南"（见附录 B.33），为校长提供工作嵌入式辅导。在预期的实地考察、会议或领导集会期间，留出时间讨论公平、公正、以学生为中心的做法。使用检查表可以帮助发现那些可能无法解决的问题，在进行日常讨论时要确保将道德活动放在指导经验中。

进行公平性审查*

学区领导者可以通过参与对校长们的公平性审查来促进及保障公平。这种类型的审查有助于揭示某一所学校或整个地区的不公平现象。例如，根据附录 B.34 "公平性审查"工具中提出的问题得出数据，可以说明在特殊教育、AP（Advanced Placemen，大学预修课程）或荣誉课程、补习班、俱乐部和活动等关键领域，某些学生或工作人员的人数是过多还是过少。出勤率、行为和课程数据也可以说明是否需要对确保公平的做法给予额外的关注。教师的情况，如人口统计资料（年龄、性别、受教育程度、职业和收入等）、工作年限、获得的证书和其他特征，这些都与在校学生人数以及学生成绩相关联，通过这些就可以看出那些有可能被忽视的联系。公平性审查数据作为学区管理者的领导力工具，可以帮助校长和学校领导者投身于探寻社会公平和公正的问题。

判断标准五

引导性问题：作为反思型教育工作者，我们如何打造个人和集体的能力？

行动理论：我们反思得越多，我们的行动就越有成效。校长最重要的职责之一是通过"帮助教师反思他们的做法，在课堂上做出积极的改变，从而提高学生的学习能力"，最终培养教师的反思能力（Hall & Simeral, 2008, p.31）。如果校长能带头推行一些政策和措施，将教师培养成反思型教育工作者，那么教师就更有能力保证学生的高质量学习。

在表 5.6 中，校长的持续性反思描述了该判断标准中与领导行为相关的思考深度。每个阶段的右栏是判断标准中为培养反思能力而对应的聚焦行为。具体指南请参考校长反思性循环（见图 2.2）和焦点反思性问题。

表5.6 校长持续性反思：组织型领导者的判断标准五

无意识阶段	培养意识	有意识阶段	有目的地计划	行动阶段	精确地评估影响	优化阶段	积极回应
认为没有必要将员工培养成反思型教育工作者		认识到有必要制定政策和措施，把员工培养成反思型教育工作者		与大家合作制定政策和活动，将员工培养成反思型教育工作者		引领政策和活动的实施，将员工培养成反思型教育工作者	

路径一：学校层面

进行反思性自我对话

反思性实践，或"思考你自己的实践并使其他人也可以思考他们自己的实践"，可以让校长自信地做出决策（Lambert, 2003, p.7）。暂停、反思、考虑替代方案，可以让思路更清晰，因此，一个善于进行自我对话的校长更容易调整自己的决策，使其与学校的愿景保持一致。校长们可以根据利益相关者在思考决策时有可能提出的问题进行反思，从而培养自己的反思性自我对话能力。例如，思考这样的问题：提出的方案如何支持我们的愿景？这个方案是如何与其他方面协调一致的？这对我有什么好处？它对我们的整个过程有什么影响？我考虑过哪些选择？我如何传达我的想法？哪些部分可能出错？我们的成员对于这个提议如何看待？通过思考这些或其他更多问题，校长可以对当下情形有一个更广泛的了解，这样可以更好地定位自己，从而让自己处于一个更积极的环境中。

通过课例研究培养反思能力*

如果校长将课例研究与教师的合作和反思相结合，则会产生更好的课堂

The Principal Influence

效果。很多课例研究模式可以让教师、辅导员和管理者团队从各个方面分析特定的某节课，特别是注意观察预期的学习效果、实际的学习效果和导致学习效果实现（或没实现）的行为。优秀的校长们通过"课例研究操作规程"（见附录 B.35）带领教师直接快速地识别某节课的关键性因果关系。当小组一起收集和观看一致选定的课堂录像时，他们需要思考一些重要问题，帮助识别教学活动、需要注意观察的学生活动、学习发生的证据等。"课例研究操作规程"也提供引导性问题，鼓励反思并带领参与者对下一步进行规划。

路径二：学区层面

从不同角度进行角色扮演

"我们所看见的不是事物的本质，而是我们自己的样子。"这句话出自著名作家 Anaïs Nin，她提醒我们自己对事物看法的重要性（1961, p.124）。为了帮助学校领导者拓宽视野，了解他人的观点，校长督导员可以让校长参与分析解决棘手的问题（如可能消除整个学区的实地考察）。这种情况可以是当前发生的，或者基于过去的事件，也可以是完全虚构的。在校长会议上，让学校领导者从 4~6 个不同的角度来研究这些情况。可以让他们扮演以下任一角色：学生、家长、老年人、教师、督导员、新闻记者、企业主、学校董事会成员、地区校友或随机的旁观者。首先，要让他们注意一些可能会出现的情绪、评论以及对自己角色的看法，然后设定这样的情境，并让他们根据指定的角色做出回应。如正在进行角色扮演的校长领导者可能会这样说："作为一个老年人，我担心……"最后，让校长们记下从不同视角进行体验时他们所得到的启发。

采用一定的模式来培养反思能力*

自我反思是一项宝贵的技能。深入、准确、不断的反思不但是一个人获得更大成就的能力，而且可以加强和培养反思能力。学区的每位工作人员，包括督导员、校长、教师、机要人员以及任何其他被授予某种身份的人，都可以在他们的工作职责中变得更加深思熟虑，更加有成效。通过调查，我们择优选出的模型在《培养教师成功的能力》（Building Teachers' Capacity for Success, Hall & Simeral, 2008）和《教育、反思和学习》（Teach, Reflect, Learn, Hall & Simeral, 2015）这两本书中有简要描述，说明了在整个学区进行深入、准确和频繁的反思所必需的语言和工具。学区官员可指导校长制定策略，将反思融入学区活动的各个方面。整个系统的教育工作者都可以拥有反思行为的语言和习惯，并且可以使用"反思性循环目标表"（见附录 B.36）将反思性循环的每个元素与校长持续性反思的每个阶段联系起来。

如何着手进行

作为组织型领导者，对校长的角色有一个全面的了解是一回事，而将复杂的策略库应用到学校或学区细致微妙的情境中又是另一回事。在我们建议行动方案前，首先要明确：如果校长或学区领导将本章中讨论的策略当作"行军号令"，照着策略列表进行，并在"完成"后检查一下，这既不是我们的初衷也不是我们的期望。相反，它们是作为一个组织型领导者成长的选择，同时也是作为一个反思型实践者成长的选择。

在接下来的部分（见表 5.7），我们提供了自我评估指南来为你们的下一步厘清思路，明确方向。尽管这些也可以作为自主成长工具，但最好是与同伴、同事和督导员合作使用，这样收获最大。对于校长督导员和学区工作人员来说，在与校长制定目标、分析成绩和制定组织型领导者领导力的培养方案时，这个指南尤其有用。

表 5.7　校长作为组织型领导者的自我评估指南

	无意识阶段	有意识阶段	行动阶段	优化阶段
判断标准一：能够始终优先考虑建立和培养有利于儿童全面发展的环境：健康、安全、投入、支持和挑战	管理学校的日常运行，但不强调儿童全面发展宗旨	了解儿童全面发展宗旨，但没有具体的推行方案	制定组织结构和操作流程，推行儿童全面发展宗旨	始终优先考虑创设有利于儿童全面发展宗旨的环境

1．你为什么认为这个阶段可以精确地代表你对于这个判断标准的想法？
2．你需要关注校长反思性循环的哪个行动来让自己成长为反思型教育工作者？（见图 2.2）
　　培养意识　　　　有目的地计划　　　　精确地评估影响　　　　积极回应
3．当你展开行动时，判断标准一下面的哪个策略最有助于你的成长？

	无意识阶段	有意识阶段	行动阶段	优化阶段
判断标准二：能够在家长群体、地区、商界、政界和更大的社区范围内建立和培育伙伴关系，以支持学校使命和愿景的实现	不寻求与外部机构和组织合作的机会	在需要或被要求的情况下，与外部机构进行合作	与外部机构和组织主动地建立联系	创设、培养并维持与外部机构和组织的合作关系，用以支持学校的使命和愿景

1．你为什么认为这个阶段可以精确地代表你对于这个判断标准的想法？
2．你需要关注校长反思性循环的哪个行动来让自己成长为反思型教育工作者？（见图 2.2）
　　培养意识　　　　有目的地计划　　　　精确地评估影响　　　　积极回应
3．当你展开行动时，判断标准二下面的哪个策略最有助于你的成长？

	无意识阶段	有意识阶段	行动阶段	优化阶段
判断标准三：能够通过评估、分析和预测新趋势，与全体员工和学校一起采用精通变革的方法，推动并引导积极的改变	允许变革阻碍行动，并且/或者中断学校的运作	抗拒变革，并且/或者对于变化的环境能做到立即行动	将变革视为学习和成长的机会	通过评估、分析和预测新趋势引领积极的变革过程

第5章 校长作为组织型领导者

续表

1．你为什么认为这个阶段可以精确地代表你对于这个判断标准的想法？
2．你需要关注校长反思性循环的哪个行动来让自己成长为反思型教育工作者？（见图2.2）
　　培养意识　　　　有目的地计划　　　　精确地评估影响　　　　积极回应
3．当你展开行动时，判断标准三下面的哪个策略最有助于你的成长？

	无意识阶段	有意识阶段	行动阶段	优化阶段
判断标准四：能够保护社区的价值观、道德观和公平做法，倡导面向所有儿童，重视多元化	完成任务，但不考虑社会公正、公平和多元化的问题	愿意解决有关社会公正、公平和多元化的问题	执行一定的组织结构和操作流程，支持多元化，提升文化资产的影响力，为学校提供社会公平和公正	维护社区价值观，通过支持所有孩子得到公平教育，表达对多元化和社会公正的认可

1．你为什么认为这个阶段可以精确地代表你对于这个判断标准的想法？
2．你需要关注校长反思性循环的哪个行动来让自己成长为反思型教育工作者？（见图2.2）
　　培养意识　　　　有目的地计划　　　　精确地评估影响　　　　积极回应
3．当你展开行动时，判断标准四下面的哪个策略最有助于你的成长？

	无意识阶段	有意识阶段	行动阶段	优化阶段
判断标准五：能够制定政策和措施，培养具有反思精神的员工	认为没有必要将员工培养成反思型教育工作者	认识到有必要制定政策和措施，把员工培养成反思型教育工作者	与大家合作制定政策和活动，将员工培养成反思型教育工作者	引领政策和活动的实施，将员工培养成反思型教育工作者

1．你为什么认为这个阶段可以精确地代表你对于这个判断标准的想法？
2．你需要关注校长反思性循环的哪个行动来让自己成长为反思型教育工作者？（见图2.2）
　　培养意识　　　　有目的地计划　　　　精确地评估影响　　　　积极回应
3．当你展开行动时，判断标准四下面的哪个策略最有助于你的成长？

自我评估指南说明

1．根据每个判断标准回顾校长持续性反思的各个阶段。

2. 在每个判断标准中，把与你的反思倾向和专业活动相关的词或句子都重点画出来并记下笔记。

3. 根据你认为自己所处的校长持续性反思阶段，从反思性循环中明确你需要重点关注的行动。

   a. 如果你正处于"无意识阶段"，你的目标就是培养意识。

   b. 如果你正处于"有意识阶段"，你的目标就是有目的地计划。

   c. 如果你正处于"行动阶段"，你的目标就是精确地评估影响。

   d. 如果你正处于"优化阶段"，你的目标就是积极回应。

4. 从路径一（学校层面）或路径二（学区层面）中，选择一个可以帮助你达到此标准的策略。

5. 当完成了校长作为组织型领导者角色中五个判断标准所规定的任务之后，通过与其他成员合作，选择你准备关注的一个关键标准。

6. 使用附录 A 中的"反思型领导者规划模板"，设计周密严谨的计划，帮助自己成长为组织型领导者和反思型教育工作者。

第 6 章

校长作为学习型和合作型领导者

除了作为"首席学习官",校长还必须是"学习引领者"(Lead Learner,LL)。持续改进要自上而下进行,校长必须树立卓越发展的目标,并能对学习、成长、创新、分享和沟通保持一种开放的态度。通过建立成长型思维模式(Dweck,2006),校长作为学习型和合作型领导者要确保教育系统的每个人(包括学生、员工、管理者及其他人)都能进行持续而强劲的学习。正如 Rick DuFour 所说:"学校需要校长的领导,他们要专注于促进学生和教职员工的学习。"(2002, p.12)

校长领导力发展框架中对校长作为学习型和合作型领导者有四个判断标准,下文中对每个标准都会详加阐述,同时在本章结尾也提供了每个判断标准关于领导能力培养的策略。

判断标准一:能够提供深入、持续、适当的专业学习机会,从而提高学生的学习成绩。

判断标准二:能够从内部发掘领导者,培养分布式领导、集体责任和协作决策的环境。

The Principal Influence

判断标准三：能够形成反思性实践、自信、谦逊、坚韧且乐于不断成长和终身学习的模式。

判断标准四：能够定期参与专业学习组织、实践共同体和领导者圈子的活动。

判断标准一：能够提供深入、持续、适当的专业学习机会，从而提高学生的学习成绩

成功的校长都知道一件事，能够对学生成就产生最大影响的就是教师的质量。培养教师的能力应该是任何一个想要获得成功的校长的首要任务。那么，校长如何建立组织结构和创设环境来实现——而且能有效地实现这一点呢？Joyce 和 Showers 对技能转化为实践进行了早期研究，他们发现，在工作中，指导、反馈和协作胜过简单的培训和观察（1982, p.5）。

使用有意识的辅导模式，再加上有目的性、有针对性和差异化的反馈及支持，可以产生非常显著的效果（Hall & Simeral, 2008）。我们的最终目标是要拥有一支高技能、高反思能力的教师队伍，他们能够协同工作，不断成长和学习。当教师更有效率时，学生学到的就更多，这是毋庸置疑的。校长必须创设这种文化氛围，实施具有强大凝聚力的专业学习计划，并对其效果时时进行关注（Reeves, 2010）。

作为学习型和合作型领导者的校长在行动

"专业发展"在过去意味着一整天的单调的报告，乏味到令人恐惧，而在北卡罗来纳州的吉尔福德县学区的吉布森维尔小学，情况就截然不同了。在 Jessica Bohn 校长的带领下，持续的专业学习已经成为最受欢迎的成长和进步方式。Jessica Bohn 希望能够满足教师个

体的需求，因为"并不是所有的教师的学习和进步方式都是一样的"。因此，在员工的帮助下，Jessica Bohn 在校园内创建了一个多层次的专业学习体系，以解决整个学校、小组以及教师个人的需求。

教师发展计划有早期脱产学习、暑期图书研究、专业学习共同体会议以及学区/国际的研习会等，其间有多种选择机会，而校长 Bohn 可以为教师成长项目提供一些选择。通过为教师提供个性化辅导支持和有针对性的反馈演练，同时帮助教师对自己学生的信息进行结构化分析，这样的学习就变得更有针对性，并能和工作深入结合在一起。因此，教师们感到自己受到了重视，课堂教学也得到了改善，学生的表现也有了显著提高。"当我满足个别教师的需求时，他们就能更好地满足个别学生的需求这样的艰辛工作，"Bohn 说道，"在这里每个人都是赢家。"

在学区层面上，这个判断标准所表达的意思也很清晰：各学区应该采取一切必要手段来增强和支持每个教职员的专业学习愿望，从而帮助校长在学校推动持续专业学习工作。学区虽然也有一些改善教学和学习的新方法，但有时候也会给学校教职员带来一些负面效果，例如造成教职员的"积极性降低"（Reeves, 2010）。学区可以通过帮助学校厘清目标，强调在工作中学习的机会，为教师设置一种既关注优质教学又关注专业发展的愿景。

在学校层面上，领导者也可以利用一些知识、技能和支持等，使"学习引领者"根据教育研究和教学方法不断变化的本质，为学校带来巨大的改变。学区领导者为现任校长或储备校长进行专业学习规划时，应"旨在发展及加强一套明确的知识、技能及思维方式，以反映学校领导的职责"（Pajardo, 2009, p.132）。另外，Pajardo（2009）的研究也提醒参与领导力发展计划的员工，要对专业学习进行评估，以明确其短期效果和长期效果。

判断标准二：能够从内部发掘领导者，培养分布式领导、集体责任和协作决策的环境

管理一所学校并不是一件容易的事。不管一个校长是多么充满活力、魅力四射、知识渊博，但如果试图独自领导一所学校，那对所有相关人员来说都是徒劳无益并令人沮丧的。吉姆·柯林斯（Jim Collins）在其开创性领导力巨著《从优秀到卓越》（Good to Great）一书中提出了"第五级"领导者概念：那些"雄心壮志首先是为了组织，而不是自己"的人（2001, p.21）。在这方面，培养和分配整个学校范围内的领导职责是五级领导者的首要任务之一。从培养副校长，到确定教师领导者，到共同承担传统的领导职责，在学校内也有各种培养领导力的途径。

> 自信且有安全感的校长更有可能营造出一种氛围，让教师的领导力生根发芽，茁壮成长。这些校长知道，让教师共同承担领导职责并不会削弱他们的控制力，反而会增强他们在学校中的影响力。为了实现茁壮成长，校长们知道必须赋予他人权利（Childs-Bowen, 2006, p.2）。

这样一来，就会让员工成为过程和"产品"的主人，拥有了执行重大措施、共同决策、广泛协作和积极反思的动力（Lambert,1998）。

正如管理一所学校一样，管理一个学区也并非易事。正如上面所说的校长那样，即使充满活力、魅力四射、知识渊博的学区领导者也不可能独自完成这件事。这是本书的一个明确主题：培养领导力是教育组织的成功，乃至生存最重要的因素之一。校长的持续发展要与副校长、储备校长及学校其他领导者的专业成长相结合，这样才能确保学区拥有当前和未来领导者的深度储备。可参考本书中的相关实例、策略和说明。虽然有可能会过度夸大这一

观点，但简单来说，这种方法就是关键所在。

> **作为学习型和合作型领导者的校长在行动**
>
> 作为亚特兰大公立学校的专业发展的主管，本书作者之一 Deborah Childs-Bowen 探讨了如何在满足系统化专业学习需求的同时，又能培养教师的能力。她希望提升学区领导者相互依存的程度，如可以积极地支持彼此的学习，以实现高效的学生学习成果。她的策略之一就是将区域内德高望重的专家型教师聚在一起，让这些导师、有成就的学科教师和获得国家委员会认证的教师参与教师的学习和教师领导力方面的交流。为此，Childs-Bowen 在这些教育大师之间组织会议以求解决实际问题，并帮助建立了交流平台。她将反思性学习作为主要目标，让这些体系内的教师领导者一起参与调查、共同设计并共同推进项目，进行资源共享，同时在学区中提升教师的自信心、发言权及权威性，从而提升教师的学习效果。Childs-Bowen 说："很长一段时间以来，我们一直用一种特殊的眼光来看待领导力，然而，要想对教育体系产生必要的效果，就需要各层级领导者的影响力。"

判断标准三：能够形成反思性实践、自信、谦逊、坚韧且乐于不断成长和终身学习的模式

如果要列出优秀领导者的所有特征，估计所用到的形容词排起来我们都一眼望不到头。但作为学校的名誉领袖，校长必须从行动和言语上处处表明学校的核心价值观。吉姆·柯林斯把第五级的领导者描述为：安静、谦逊、谦虚、内敛、害羞、优雅并且温和（2001, p.27）。优秀的领导者以"我们"的

The Principal Influence

口吻说话，而非以"我"的口吻。

作为榜样之一，这种特性十分重要。教师、员工、社区成员、商业合作伙伴、访问人员和学生（这是最重要的）都会注意到领导者的行为、态度、决策和性格。校长除了具备学校社会所特有的其他核心价值观和道德外，还必须树立全校师生所期望的观念和方法。可以说，员工的态度和学生的行为都是领导者形象的反映。

作为学习型和合作型领导者的校长在行动

Sarena Jaafar 是马来西亚吉兰丹巴西马的一所私立学校的校长，在其日常实践中就体现了首席学习官的作用。她谦虚的做法，就像公仆式的领导，真正做到了将他人的需求放在所有决策的首位。随着学校人员的不断增多、科技应用的加速以及基础教育格局的转变，Jaafar 必须齐头并进。

她说道："只有变化是唯一不变的。我需要让自己更加专业，确保自己可以领导学校的改进。"作为一个为同事和教师提出专业发展方案的发声者，Jaafar 不断地阅读、追求更高的学位、与他人交流，以此拓宽自身知识面。"我意识到我不能什么都做。认识到我作为学校领导者的自身局限性这一点，使我可以非常勇敢地承认我需要不断地学习。"在她的学校，学生的成绩指数不断上升，入学人数增长了六倍，学校的自豪感日益高涨，这些都反映了领导人对改进的追求。Jaafar 说道："当我的员工和教师的工作做得更好时，我就会是一个更好的领导者。"

"谦虚又率性而为，谦卑又无所畏惧。"这种领导力独特的二元性并不仅限于校长（Collins, 2001），学区官员也要培养他们的校长形成类似的行为模式，并以此塑造学校领导者的性格。那么第一步就是带领校长、副校长和未来的领导者通过一种内省的过程，有效利用根据各种资源和自身特点形成的反馈。领导者在一起进行专业学习时，学习、实践和优化自己所用的方法，形成共同的价值观，可以帮助领导者将学到的技能转化为实践（Joyce& Showers,1982）。学区领导者可以通过进行伙伴合作、辅导和指导，帮助自己的校长培养这些思维模式。

判断标准四：能够定期参与专业学习组织、实践共同体和领导者圈子的活动

正如在判断标准二中提到的，独自经营一所学校是不可能的。但幸好还有成千上万的其他学校，几乎所有的学校都配备了一名校长，他们都面临着类似的挑战，在类似的背景下遇到了类似的障碍。那么为什么不与他们合作，一起建立一个学习网络呢？现在，与全球各地的管理者建立联系有时就像与街对面的管理者合作一样简单和快捷！

在线资源、聊天室、博客、社交媒体和其他途径都在我们的掌握之中，这些都可以用来将校长们的各自为战转化为共同作战。寻找同行之间合作的校长通常会建立持久的关系，建立师徒关系，丰富他们的思维，扩大他们的选择，并加深他们的学习。所有这一切，不仅形成了一个公正、不带偏见、不涉及政治的咨询委员会，可以帮助他们更稳妥地提供行动方案的建议，或者就提议的方案收集反馈，同时也将内行的校长网罗到一个由资源、密友、专家和同僚组成的网络中。

The Principal Influence

> **作为学习型和合作型领导者的校长在行动**
>
> DeNelle West 作为昆内特县级公立学校的员工发展主管,她的优势在于可以帮助学区 11 000 个签约员工建立学习网络。她充分利用这一机会,将团队内部的教育工作者(她称为"内部工作")和部门之间的教育工作者(她称为"外部工作")联系起来,建立起有组织的、有活力的伙伴关系。把人们组织到一起就是一个很好的做法。
>
> 在职业社交网络中,West 说:"你会了解到新的观点及研究,这可以把你的工作推向一个新的水平。"她所在部门近期的一个重点是协调整个学区教师领导者的合作支持,而这些教师领导者正在引领变革,领导团队,并担任导师一职。她推动大家进行共同学习,同时将学区辅导员认证计划的候选人放到更小的学习群组里,这些活动产生了令人瞩目的结果:教师领导者被赋予了权利,不断学习,形成最佳实践模式,他们的"勇气和优雅"也得到了认可。West 指出,许多人都在不断寻找合作伙伴,寻找新的合作者,从而扩大他们的学习者网络。

在这一判断标准中,校长督导员主要负责支持校长。学区官员可以接触学区的所有资源,包括所有的学区领导者(如校长、副校长、主管、专家及其他人),因此学区官员可以主动地与学校校长建立伙伴关系,建立社交网络,促进交流,并加强学区工作需要协作的特性。此外,学区在建立领导者共同体方面的影响力,在与大家认同的使命和愿景相一致时,就可以汇集资源、融合人才、分担责任、强化目标及行动方案(Van Clay, Soldwedel, & Many, 2011)。在这方面,在领导者阶层内培育一种协作文化,是学区支持个人(及集体)领导者的责任。

第6章 校长作为学习型和合作型领导者

成长为学习型和合作型领导者：反思性成长策略

在接下来的内容中，我们将提供一些策略来培养校长这方面的领导能力。每个策略都可以为校长（路径一）和学区督导员（路径二）提供机会来厘清工作，让他们集中精力关注长期成果，即在这些判断标准中，发展并优化反思性实践，同时强化专业知识。简单地说，我们的目标是让校长作为学习型和合作型领导者，在改进阶段发挥作用。

我们提供的策略只是每个判断标准中很多成长策略的范例（见表6.1）。我们选取了效果较好和普遍适用的策略，很多包含了工具、模板、操作规程和表格（见附录B），目的是提供即时可操作的、易于执行的策略，减少研究和实际应用之间的落差。

表6.1 作为学习型和合作型领导者的校长策略纲要

	判断标准一：能够提供深入、持续、适当的专业学习机会，从而提高学生的学习成绩	判断标准二：能够从内部发掘领导者，培养分布式领导、集体责任和协作决策的环境	判断标准三：能够形成反思性实践、自信、谦逊、坚韧且乐于不断成长和终身学习的模式	判断标准四：能够定期参与专业学习组织、实践共同体和领导者圈子的活动
路径一：学校层面	• 基于"6C"制订校本专业发展计划* • 让教师会议成为学习的机会 • 评估已有的知识和经验*	• 引领人才发展 • 盘点分布式领导力*	• 培养坚持不懈的精神，直面挑战 • 成为榜样*	• 开展个人行为研究* • 回力效应

续表

路径二：学区层面	• 分析专业发展的影响* • 评估专业学习的组织性支持* • 解决积极性降低问题	• 有策略地选择教师领导者 • 选出导师型校长*	• 突出人文因素* • 建立持续改进的方法模型	• 创建校长实践共同体 • 阅读和引领*

（注：标有*的策略包含相关的工具/模板/操作规程/表格，见附录B）

在充分理解学习型和合作型的领导者角色和标准之后，我们首先要进行诚实的自我评估，把每一个标准都当作你领导难题的一部分来思考。在每个判断标准中，我们都增加了一个简短的自我评估指南，帮助领导者探究自己目前的思考能力和技术水平。在反思型领导者规划模板（见附录 A）中，我们建议校长（副校长或储备校长）和他们的督导员/导师/辅导员一起描述和记录他们自己的现状，如他们在校长持续性反思中做到哪一步了。

与同事们、督导员和专业知识圈中的其他人一起仔细检查后面的策略范例，然后一起自由讨论想出其他策略之后，使用反思型领导者规划模板记录下你会采取的有力措施，来帮助你或你的校长发展成为一个反思型的学习型和合作型领导者。在设定目标的过程中，对话、合作和伙伴都能发挥很大的优势。你可以随意使用这些资源，制订和优化一个清晰、聚焦和以反思为导向的计划。

判断标准一

引导性问题：我们如何能像专业人士一样持续地学习和成长？

行动理论：我们反思得越多，我们的行动就越有效果。学习必须融入我们的日常工作（Hall & Simeral, 2008; Joyce & Showers, 1982）。如果校长为自己和教师提供了融入日常工作的持续的专业学习机会，而这些机会又是基于使命、愿景和既定需求，同时又是以结果为导向的，那么教师的教学和学生的学习都将得到改善。

在表 6.2 中，校长的持续性反思描述了该判断标准中与领导行为相关的思考深度。每个阶段的右栏是判断标准中为了培养反思能力而对应的聚焦行为。具体指南请参考校长反思性循环（见图 2.2）和焦点反思性问题。

表 6.2　校长持续性反思：学习型和合作型领导者的判断标准一

无意识阶段		有意识阶段		行动阶段		优化阶段	
愿意进行专业发展，并将此作为员工的增值服务	培养意识	提供资源支持专业发展工作，该工作可能会也可能不会与使命和愿景有关	有目的地计划	为支持学校使命、愿景和需求的员工安排专业发展机会	精确地评估影响	根据学校使命、愿景和既定需求，为个人和员工提供持续的、工作嵌入式的专业学习机会	积极回应

路径一：学校层面

基于"6C"制订校本专业发展计划*

专业发展工作，无论出发点有多好，只有在学习者愿意接受的情况下才有效。校长和学校领导者创建的校本专业发展计划中，必须确保其专业发展内容是有效的。要确保专业发展计划中的"6C"（关联性、合作性、个性化、协调性、综合性和一致性：Connected, Collaborative, Customized, Coordinated, Comprehensive, Consistent）已经就位，然后进行计划、实施、监督以及优化。领导者团队可以确保教师领导者和学校其他负责持续专业学习的人能够使用这个"6C"。本书也收录了这一列表——"基于'6C'制订校本专业发展计划"，供读者及时参考（见附录 B.37）。

The Principal Influence

让教师会议成为学习的机会

校长在引领融入工作的专业学习时，经常做的第一件事是，重新安排教师会议。重新组织教师会议的行动步骤根据以下问题来制定：在这段宝贵的时间里，我们可以解决哪些重要的学习需求？我如何确保专业学习经验适用于全体员工？我如何让不同的员工参与促进、合作及领导活动？我如何解决怀有抵触情绪的员工问题？我如何确保这些体验可以区别性地满足不同教师和员工的需求？我如何将重新设计的教职员会议扩展到学校的其他教职员会议，使会议成为专业学习机会，成为学校文化的一部分？还有什么其他方式我可以用来分享重要的管理信息，这样员工会根据自己的具体情况参加教工会议？通过事先解决这些问题，校长们可以一起有效地重新分配自己的时间，以此培养合作能力。

评估已有的知识和经验*

校长在提倡工作嵌入式的专业学习时，也要确保学生愿意体验不同的学习经历。校长及学校其他负责专业学习的人要确保对参与人员进行事先评估，作为在工作体验中进行学习的一部分。一定要把那些与主题、学习偏好、分享和合作偏好相关，同时又可以帮助确定现有知识和经验的问题放到评估中去。校长可以根据这些结果来指导专业学习共同体的工作和教师的个人专业学习计划。通过使用"评估已有知识和学习偏好"这个工具（见附录 B.38），校长可以帮助员工确定他们目前所处的点，然后设定好未来要达到的点，制订学习计划向目标迈进。

路径二：学区层面

分析专业发展的影响*

有一些"最伟大"的职业发展经历对参与其中的教师或最终应该从中受益的学生来说，几乎没有产生什么影响，可这是为什么呢？因为缺乏一个能够确定效果和实施成功与否的模式。学区领导者必须确保校长知道怎样在学校收集相关资料的原因和方法。例如，督导员、导师和辅导员可以让校长回顾前一年的或当前的个人发展规划，重点关注以下问题：我们想知道什么或想要学习什么？我们如何评估自己是否学到了这些东西？我们如何知道我们已经充分回答了这些驱动性问题？我们可以使用什么资源、流程或文件来获得自己学习方面的证据？我们通过谁、向谁、何时、如何报告自己专业学习的效果？最后，推动这一过程的问题就是：我们如何知道专业学习是否促进了学生成绩的提升？本书提供的"专业发展影响评估"工具（见附录 B.39）为校长团队及其督导员分析校本专业发展工作提供了参考框架。

评估专业学习的组织性支持*

在促进和推行校长领导力发展活动前，学区工作人员需要事先评估校长专业学习经验的现状。学区为领导者和教师准备的专业学习计划是否能够满足"6C"的标准？学区工作人员需要完成支持校长领导力发展和校本专业发展方面的自我评估，然后根据评估结果加强对学区领导力发展和校本专业发展的支持。学区领导者可以参考附录 B.40 中的工具开展活动。

解决积极性降低问题

领导者经常会出现"想一出是一出"的问题，今天一个"伟大想法"，明天又变成另一个"伟大想法"，但从来没有给出时间让这些想法得到积极的实施和改进，从而形成扎实的系统化措施，（这样就会导致大家不再愿意花费时间、资源和精力应付这一个又一个无法落实的想法）从而出现"积极性降低"（initiative fatigue）的现象（Reeves, 2010）。这种情况通常出现在全体人员（教师和管理者或负责执行计划的人）开始抵制新的想法的时候。学区领导者在规划校本工作嵌入式专业学习前，可以帮助校长采取措施消除学校存在的积极性降低现象。例如，学区工作人员可以让校长根据学校的培养模式进行分组，让他们协助检查及审核学区和学校的一些计划，以找出共通之处，然后创建一个可视化的示意图，向大家说明这些计划是如何关联在一起的。要确保校长在将自己的想法公布给学校之前，必须将它变成可视化的示意图。这一策略也预示着选择性地放弃一些不再需要的想法。

判断标准二

引导性问题：我们如何在整个学校建立和分享领导力？

行动理论：单独运营一个教育机构的结果会适得其反，而让不同层级的人员分担领导任务并培养他们的领导能力，会对整个学校的氛围产生积极的影响（Lambert, 1998, 2003）。如果校长培养出内部领导者，营造出一种权力共享、共同决策的文化氛围，那么学校就能取得更大的长期性成功。

在表6.3中，校长的持续性反思描述了该判断标准中与领导行为相关的思考深度。每个阶段的右栏是判断标准中为了培养反思能力而对应的聚焦行为。具体指南请参考校长反思性循环（见图2.2）和焦点反思性问题。

表6.3 校长持续性反思：学习型和合作型领导者的判断标准二

无意识阶段		有意识阶段		行动阶段		优化阶段	
接受学校的等级管理制度，并遵循既定的决策程序	培养意识	将一些需要共同决策的活动和工作纳入领导班子内部	有目的地计划	通过共同进行决策的机制为其他领导者提供展现自己的机会	精确地评估影响	培养内部领导者，营造权力共享和共同决策的文化氛围	积极回应

路径一：学校层面

引领人才发展

公共教育中心认为，鉴于领导学校所面临的挑战和要求，而且校长在学

第6章 校长作为学习型和合作型领导者

校的平均任期只有 3~4 年，对人才的获取和发展应该成为校长的主要职责（Hull, 2012）。校长必须让副校长参与各种各样的机会和实践，为提升他们的领导能力做准备，因为他们是"下一批接班人"。这种多样性的培养方式也让副校长避免被归于一种缺乏教学领导经验的在职学习角色，如纪律督导员。校长为承担新的领导职责的人员树立明确的权威，给予他们决策权，并遵守这些协定，因为他们支持着整个学校其他领导者的成长。随后校长也可以把同样的活动拓展到部门或各年级的主席、辅导员、教师和学生。这样，校长就能认识到他们在学校发展领导才能方面所承担的价值和义务。

盘点分布式领导力*

有效地分配领导职责可以让校长培养员工的领导能力，同时校长也可以把时间和精力用在自身特有的职责上。校长应根据分配领导职责的机会和困难进行个人反思，以便制订计划。在校长的反思过程中，可以列出其他员工目前承担职责的可能性或合作伙伴分担领导权力的可能性。不管是委员会、行动小组、项目、专业学习还是其他活动，都可以提供绝佳的机会让未来的领导者拓展他们的领导力。校长还可以列出目前还没有到位的分布式领导力的机会以及前进的潜在障碍，然后与诤友、同事和已有的领导力团队成员交换意见，进行对话，计划下一步方案，以此分配领导职责。可参考"盘点分布式领导力"工具（见附录 B.41）对反思进行指导。

路径二：学区层面

有策略地选择教师领导者

许多教师都具备领导才能，也有做领导者的方向，而拥有这方面的人才很明显是对学区有好处的。学区领导者可以帮助校长确定教师领导者人选，确保学区拥有教师领导者的入选标准，并制定完全透明的申请制度和选拔程序。每年应预留一场校长领导力发展会议，让会议成员根据学区需求和重点

The Principal Influence

领域的要求，审核遴选标准和申请。在选出教师领导者之后，各学区仍有责任帮助他们继续成长和发展成为领导者。要确保委员会、工作组、咨询小组、同伴辅导/指导计划以及其他组织结构都已安排到位，帮助教师领导者在接下来的几年里提升他们的领导能力。

选出导师型校长*

校长督导员有很多职责，也有责任培养未来和当前的领导人才。督导员可以制订一个正式的校长指导计划，从而拓展经验丰富的校长们的领导力，同时也可以帮助学校领导者建立相互连接的支持系统。这些校长督导员也是从一群有成就的校长中挑选出来的，他们可以协助整个学区新校长和储备校长的发展。通过选拔过程（见附录 B.42）选出在课程、评估和教学实践方面颇有见识，且目前还在任职期间，同时又能进行有效沟通的导师型校长。因为导师本身是要起到表率作用的，所以在选择时还要考虑校长的其他优秀品质（如专业、乐于助人、关爱他人，而且受人尊敬）（Pajardo, 2009）。

判断标准三

引导性问题：我如何形成我们所看重的品质？

行动理论：校长的行为方式可以对整个学校产生连锁反应。Pete Hall 说过："校长不应以完美为榜样，而应以追求完美为榜样。"（2011, p.14）如果校长以内省、自信、谦逊、坚持不懈，并热衷于持续成长和终身学习，那么整个学校都会表现出这些特征。

在表 6.4 中，校长的持续性反思描述了该判断标准中与领导行为相关的思考深度。每个阶段的右栏是判断标准中为了培养反思能力而对应的聚焦行为。具体指南请参考校长反思性循环（见图 2.2）和焦点反思性问题。

表 6.4　校长持续性反思：学习型和合作型领导者的判断标准三

无意识阶段		有意识阶段		行动阶段		优化阶段	
没有表现出尝试与本土价值观、持续发展和终身学习相结合的行为	培养意识	其行为可能会也可能不会与个人和全体员工的本土价值观、持续发展和终身学习相一致	有目的地计划	努力作为反思性实践、自信、谦逊、坚韧且乐于不断成长和终身学习的表率，同时也鼓励员工这样做	精确地评估影响	作为反思性实践、自信、谦逊、坚韧且乐于不断成长和终身学习的表率	积极回应

路径一：学校层面

培养坚持不懈的精神，直面挑战

注重坚持不懈精神的校长可以通过带领教职员接受全校范围内持续不断的挑战，并找到解决问题的方法，以此向教职员展示坚持不懈的力量。校长可以在新学年开始时，协助召开教职员会议，让教职员就学生的学习和态度方面最大的困难达成共识。在确认了具体困难之后，可以让各个年级、团队或小组一起"拆解"导致这一困难的学生和教师因素，接下来各团队可以一起制订每学期要采取的行动计划。大家可以在学期员工大会上分享各团队的进展和过程性材料。在年底的时候，总体回顾对困难的解决情况，让大家看到每一个团队坚持不懈努力所做出的成果。如果团队没有达到预期的效果，就要提供额外的机会来培养这些团队成员的韧性和恒心。接下来还要把没有实现目标的工作继续进行下去，让大家集思广益想出新的策略、方法或思路，争取战胜这一困难的挑战。

成为榜样*

作为学校的名誉领袖，校长是员工、学生乃至整个学校的终极榜样。校长们必须接纳这一点，而且要在每一次互动、交流和露面时，甚至在"非正式见面会"（如观看当地体育赛事或在饭店吃饭）期间，都要按照学校公认的价值观行事。确实，在这方面取得成功的校长都是性格坚毅和言行一致的，而且他们也能时时刻刻把学校的核心价值观记在心里。

在学校可以采用一些好方法来树立榜样，如对新想法保持开放和进行持续性学习。校长通过展示倾听、分析和坚持面对挑战的能力来塑造这种心态。此外，校长要树立个人效能感，并将自己的期望传达给学生和教师。校长要把困难当成一种学习机会，如选择一种问题解决方案并在全校推广使用。可参照附录 B.18 中提供的事例。校长可以进一步发展一种效能文化，将学生成功的非认知因素（如自信、勇气和谦逊）融入学校、年级和院系的计划和实践。

路径二：学区层面

突出人文因素*

教育是关于人的工作，优秀的校长往往具有出色的人际交往能力。有趣的是，大多对校长的评估几乎没有触及重要的人为因素，而这些人为因素却是校长成长为成功的领导者的重要部分。因此，除了反思性实践，校长领导力发展计划还必须包括在建立信心、坚持不懈和积极参与等方面的支持。学区领导者应该制定观察指南及操作指南，如本书附录 B.43 提供的"校长领导力的人文维度"，它可以为督导员、辅导员和导师所用。校长们将会有一些例子来说明如何在日常职责中展示这些重要的人本行为。

建立持续改进的方法模型

学区官员可以从自己的角色出发，完成第 3~6 章末的自我评估，展示自己的谦逊和不断成长的决心。尽管这些规则是基于校长编写的，但仍然适用于校长督导员。在每次与校长接触时，讨论与所选自我评估判断标准有关的反思和目标。公开、诚实地关注领导力成长，表明了对终身学习的承诺，而且加强了伙伴合作关系,并有助于提高领导角色的有效性。

判断标准四

引导性问题:我如何与他人合作,并持续进行专业化发展?

行动理论:校长这一职位可以说是孤独的(Rooney, 2000)。与其他领导者合作可以产生很多相互得益的结果,还会产生出旅行伙伴的感觉。如果校长定期参与实践共同体、领导者圈子及专业学习组织的活动,那么这种集体力量就会支持个人的发展,从而使学校获得不断的提升。

在表 6.5 中,校长的持续性反思描述了该判断标准中与领导行为相关的思考深度。每个阶段的右栏是判断标准中为了培养反思能力而对应的聚焦行为。具体指南请参考校长反思性循环(见图 2.2)和焦点反思性问题。

表 6.5 校长持续性反思:学习型和合作型领导者的判断标准四

无意识阶段	培养意识	有意识阶段	有目的地计划	行动阶段	精确地评估影响	优化阶段	积极回应
独立工作,不寻求实践共同体或专业学习组织的支持		偶尔会考虑加入实践共同体或专业学习组织		通过实践共同体、领导者圈子或专业学习组织与同行交流		定期参与实践共同体、领导者圈子及专业学习组织的活动	

路径一:学校层面

开展个人行为研究*

每个学校都不相同,所以在特有的环境中出现的挑战也是独特的。校长可以通过以下步骤来制订个人行动研究计划,以解决学校的具体问题:①确定行动研究问题,如"为什么这么多非裔美国人和拉丁美洲人不参加学校举办的业余活动"。②确定解决问题的策略或活动,如可以在社区教堂或社区中

127

心举行一些活动，或者与中学生组织进行合作，为晚上安排的活动提供免费的儿童看护。③在执行这些策略时，收集数据并记录结果，注意其发展趋势和出现的异常值。④最后确定哪个策略或活动为学校的具体问题提供了最有效的解决方法。参考本书附录 B.44 提供的"行动研究计划模板"安排你的工作并监测自己的进展。你还可以选择跟一个同事一起进行这个项目，分享自己的经验和教训，这样获得的收益会更大。

回力效应（Boomerang）

校长们可以寻找一些承担相似任务、有相似特质、个性或技能的同行来组建自己的实践共同体。寻求持续性成长和不断提升的校长们往往会被那些具有创新和分享精神的校长所吸引。这种社交网络不需要签订正式的协议，因为分享一个互惠的过程——一种等价交换——可以产生回力效应。这些交流一般是在正式场合进行的，如在正式的校长会议或其他约好的聚会上，但有时也通过电话、短信、电子邮件和面对面进行。这些关系建立起来以后，每个校长可以提出一个自己学校的具体问题，然后针对问题进行问卷调查、合作、观察、反馈循环和辅导，据此来改进他们学校的教学、学习和领导能力。

路径二：学区层面

创建校长实践共同体

在一个有组织的会议环境中与校长一起度过的时间是一种宝贵的商品——正如校长召集全体员工参加的教职员大会。学区督导员可以将传统的校长会议改造为实践共同体会议，从而培养校长的领导力。根据校长们在第 3~6 章结尾完成的自我评估结果，可以让每个校长在学年内选择 2~3 个可以合作的"实践共同体"（由专业人士组成的小组，他们相互合作、相互依赖、解决问题、处理争议并相互扶持）。学区督导员可以在每次会议上为实践共同体留出时间进行合作和解决问题，为他们提供模拟合作的工具和空间，支持他们进行长久的合作。学区督导员可以分配活动时间并提供指导，这样校长们也学会了主动与其他人，包括自己学区之外的社交网络，通过在线、社会媒介或加入专业组织等方式建立职业方面的联系。

阅读和引领*

持续改进源于对更多知识、更多工作和更高水平工作的不懈追求。Ellie Drago-Severson 解释道："正如为教师提供像大学生社团一样的研究氛围很重要一样，校长之间也同样需要像大学生社团一样的研究氛围。"（2004, p.6）学区工作人员和校长督导员可以在自己权限内（如社交圈、层级、集群、行政区域）给校长提出一定的要求，如让他们在一个学年内至少阅读 6 本专业书籍。可以先从每位校长独立阅读两本书开始。在中央办公室、网站或社交媒体上发布校长和校长督导员"阅读和引领"的照片，然后讨论这些书对每位校长在领导决策、知识或观点方面的影响。

然后再与每个学校的管理者团队一起阅读并讨论两本书。最后与直属学校、各种社交圈和行政区域的同行建立的"管理者即阅读者"小组阅读和讨论两本书。参考本书提供的附录 B.45 中的"专业阅读反思"模板以获取校长"阅读和引领"时的反思。

如何着手进行

作为学习型和合作型领导者，对校长的角色有一个全面的了解是一回事，而将复杂的策略库应用到学校或学区细致微妙的情境中又是另一回事。在我们建议行动方案前，首先要明确：如果校长或学区领导将本章中讨论的策略当作"行军号令"，照着策略列表进行，并在"完成"后检查一下，这既不是我们的初衷也不是我们的期望。相反，它们是作为一个学习型和合作型领导者成长的选择，同时也是作为一个反思型实践者成长的选择。

在接下来的部分（见表 6.6），我们提供了自我评估指南来为你们的下一步厘清思路，明确方向。尽管这些也可以作为自主成长工具，但最好是与同伴、同事和督导员合作使用，这样收获最大。对于校长督导员和学区工作人员来说，在与校长制定目标、分析成绩和制订学习型和合作型领导者领导力的培养方案时，这个指南尤其有用。

表6.6 校长作为学习型和合作型领导者的自我评估指南

	无意识阶段	有意识阶段	行动阶段	优化阶段
判断标准一：能够提供深入、持续、适当的专业学习机会，从而提高学生的学习成绩	愿意进行专业发展，并将此作为员工的增值服务	提供资源支持专业发展工作，该工作可能会也可能不会与使命和愿景相关	为支持学校使命、愿景和需求的员工安排专业发展机会	根据学校使命、愿景和既定需求，为个人和员工提供持续的、工作嵌入式的专业学习机会

1．你为什么认为这个阶段可以精确地代表你对于这个判断标准的想法？
2．你需要关注校长反思性循环的哪个行动来让自己成长为反思型教育工作者？（见图2.2）
　　培养意识　　　　有目的地计划　　　　精确地评估影响　　　　积极回应
3．当你展开行动时，判断标准一下面的哪个策略最有助于你的成长？

	无意识阶段	有意识阶段	行动阶段	优化阶段
判断标准二：能够从内部发掘领导者，培养分布式领导、集体责任和协作决策的环境	接受学校的等级管理制度，并遵循既定的决策程序	将一些需要共同决策的活动和工作纳入领导班子内部	通过共同进行决策的机制为其他领导者提供展现自己的机会	培养内部领导者，营造权力共享和共同决策的文化氛围

1．你为什么认为这个阶段可以精确地代表你对于这个判断标准的想法？
2．你需要关注校长反思性循环的哪个行动来让自己成长为反思型教育工作者？（见图2.2）
　　培养意识　　　　有目的地计划　　　　精确地评估影响　　　　积极回应
3．当你展开行动时，判断标准二下面的哪个策略最有助于你的成长？

第 6 章　校长作为学习型和合作型领导者

续表

	无意识阶段	**有意识阶段**	**行动阶段**	**优化阶段**
判断标准三：能够形成反思性实践、自信、谦逊、坚韧且乐于不断成长和终身学习的模式	没有表现出尝试与本土价值观、持续发展和终身学习相结合的行为	其行为可能会也可能不会与个人和全体员工的本土价值观、持续发展和终身学习相一致	努力作为反思性实践、自信、谦逊、坚韧且乐于不断成长和终身学习的表率，同时也鼓励员工这样做	作为反思性实践、自信、谦逊、坚韧且乐于不断成长和终身学习的表率

1. 你为什么认为这个阶段可以精确地代表你对于这个判断标准的想法？
2. 你需要关注校长反思性循环的哪个行动来让自己成长为反思型教育工作者？（见图2.2）
　　培养意识　　　　有目的地计划　　　精确地评估影响　　　　积极回应
3. 当你展开行动时，判断标准三下面的哪个策略最有助于你的成长？

	无意识阶段	**有意识阶段**	**行动阶段**	**优化阶段**
判断标准四：能够定期参与专业学习组织、实践共同体和领导者圈子的活动	独立工作，不寻求实践共同体或专业学习组织的支持	偶尔会考虑加入实践共同体或专业学习组织	通过实践共同体、领导者圈子或专业学习组织与同行交流	定期参与实践共同体、领导者圈子及专业学习组织的活动

1. 你为什么认为这个阶段可以精确地代表你对于这个判断标准的想法？
2. 你需要关注校长反思性循环的哪个行动来让自己成长为反思型教育工作者？（见图2.2）
　　培养意识　　　　有目的地计划　　　精确地评估影响　　　　积极回应
3. 当你展开行动时，判断标准四下面的哪个策略最有助于你的成长？

自我评估指南说明

1. 按照每个判断标准回顾校长持续性反思的各个阶段。
2. 在每个判断标准中，把与你的反思倾向和专业活动相关的词或句子都

The Principal Influence

重点画出来并记下笔记。

3. 根据你认为自己所处的校长持续性反思阶段，从反思性循环中明确你需要重点关注的行动。

   a. 如果你正处于"无意识阶段"，你的目标就是培养意识。

   b. 如果你正处于"有意识阶段"，你的目标就是有目的地计划。

   c. 如果你正处于"行动阶段"，你的目标就是精确地评估影响。

   d. 如果你正处于"优化阶段"，你的目标就是积极回应。

4. 从路径一（学校层面）或路径二（学区层面）中，选择一个可以帮助你达到此标准的策略。

5. 当完成了校长作为学习型和合作型领导者的角色中四个判断标准所规定的任务之后，通过与其他成员合作，选择你准备关注的一个关键标准。

6. 使用附录 A 中的"反思型领导者规划模板"，设计周密严谨的计划，帮助自己成长为学习型和合作型领导者以及反思型教育工作者。

第 7 章

反思型领导者即将到来

"比冒险更冒险的是安全，比关心更关心的是睿智，比梦想更有梦想的是实际，比期待更有期待的是可能。"

——学员格言

在本书第 2 部分的介绍中，我们鼓励你发挥创造力，保持思想开放，并接受本书所包含的各种可能性。这一要求包含了两个关键因素：可能性及意向性。

可能性：积极进取、面向未来的人经常会谈及他们的目标、梦想和即将发生的事，制作愿景版图、描绘未来并考虑不同的可能性。这些人并不会简单地接受当下而谨慎行事。他们生活在对未来"会是什么样"的战略性期望中，并按照这一设想大胆行事。

意向性：可能性只有在适当地付诸行动时才会成为现实。优秀的领导者接受这一事实，并用心去做。意向性意味着对当前状态的意识，以及对未来可能性的展望，并表明领导者愿意制订从这里到那里的通盘行动计划。

The Principal Influence

领导力问题

要想有效地领导他人，培养他人的领导能力，你需要充分利用身边各种积极的可能性，并以极大的意愿开展领导能力的提升工作。领导力和领导力提升在本质上既是个人的，也是集体的。优秀的领导者愿意把他们自己的发展当成个人的事情，如运用这本书和它的策略，而且当他们认识到某些人已经做好了担任领导者的准备时，他们就指导和培养这些未来的领导者。同时，领导力还是集体性的，所以"整体的力量大于各部分力量的总和"，重要的是要包含协作、系统的领导力提升的各个方面。仅仅打造教育界的灯塔或闪亮之星，并不能体现教育的公正。即使教育界之星也会燃烧殆尽，所以我们必须用全新的、更多的甚至更亮的星星重新填补这个领域。

换句话说，我们如何看待可能性，我们如何有意识、有目的地采取行动，领导者个人如何通过高质量的领导力标准和行为要求自己，以及我们如何共同努力提高他人的领导能力，这些都至关重要！但只有我们真正去"做"了，这才是最重要的。如果你愿意把自己的时间、努力、心力用于本书中那些影响广泛的策略中，结果会对你的教学领导力实践产生深远的影响，这也会在学校和学区产生强大的教学效果，也会让你关心的所有学生的学习变得更有活力。

当你接受了你的岗位（不管你担任的是什么角色），你就有意或无意地接受了本书中所列角色的责任：愿景式领导者、教学领导者、组织型领导者以及学习型和合作型领导者。

- 你可能会承诺支持每个学生进行高水平的学习，这就是你的愿景。那么你现在处于什么阶段，下一步怎么走呢？
- 你可能会承诺要成为一名教学领导者，以确保强大的教学和学习成为常态。那么你现在处于什么阶段，下一步怎么走呢？
- 你可能发誓要积极地、显著地影响学校及学区，帮助它们达成目标。

第 7 章 反思型领导者即将到来

那么你现在处于什么阶段,下一步怎么走呢?
- 在这个过程中,你可能参与了学习和与他人合作。那么你现在处于什么阶段,下一步怎么走呢?

每个角色都不可避免地与其他角色相联系,这是一个多样化和相互依赖的网络,共同定义了教学领导的关键要素。成长为教学领导者是一个复杂的、有挑战性的、充满活力的工作;但与此同时,这是可以理解、可以实现的,也是有意义的。我们 21 世纪的师生们理应拥有 21 世纪的领导力。

作者最后的想法

这本书是由一群有成就的领导者写成的,他们从未作为一个团队一起工作过,他们团结起来实现了一个我们所有人都充满激情的目标。在追求这个目标的过程中,我们审视了自我、头衔、过去的成功及过去的失望。我们引领,也愿意随同。我们发挥自己的优势,也愿意在不熟悉的领域冒险。我们相互鼓励,坦诚地反馈,学习新方法、反思,也一路欢笑。在迟疑和不确定的时候,我们会重新修订、阐述和强调自己的愿景,借此重燃我们的热情。

我们在写这本书的过程中所做的,充分体现了合作的力量,也反映了学校和学区团队的领导工作。现在你已经阅读、反思并设定了与书中内容相关的领导力目标,我们也鼓励你去寻找一个你可以与之一起学习、工作的领导者团队。我们确信,你的时间、进步和成果会与我们合作撰写本书的过程一样有意义。

附录 A 反思型领导者规划模板

姓名：_____学校：_____

职位：_____日期：_____

角色：_____

具体关注内容：_____

关注/描述当前现实/表现的理由：_____

领导者目前所处于校长持续性反思的阶段：_____

目标陈述（将反思焦点与领导行为相结合）：_____

我们如何考量目标的进展、成功以及完成度（哪些证据将决定我们的有效性）？_____

让我们朝着目标前进的行动步骤	完成这些行动步骤的时间框架	取得上述进展需要的支持	提供这种支持的对象

附录 B 反思型领导成长的策略

附录 B.1　准备一场电梯演讲 138
附录 B.2　个性化战略沟通规划 139
附录 B.3　三人小组操作规程 141
附录 B.4　利益相关者的愿景和过渡过程 142
附录 B.5　资源审核模板 143
附录 B.6　基于数据信息的交流标准
　　　　　操作规程 144
附录 B.7　"钱说了算"运行记录 145
附录 B.8　关注阶段 146
附录 B.9　明确学区改进计划与学校改进
　　　　　计划协调一致的操作规程 147
附录 B.10　步调一致操作规程 149
附录 B.11　持续改进循环 151
附录 B.12　关于建立共识方面的建议 153
附录 B.13　共识汇集模型 155
附录 B.14　处理棘手问题 156
附录 B.15　发展结果导向的专业学习共同体 158
附录 B.16　个人专业发展计划模板 159
附录 B.17　分阶段差异化反馈指南 161
附录 B.18　咨询操作规程 163
附录 B.19　圆形贴操作规程 165
附录 B.20　教学轮访指南 166
附录 B.21　学校走访观察模板 167
附录 B.22　数据操作模型概述 168
附录 B.23　儿童全面发展合作伙伴资源库 169
附录 B.24　儿童全面发展问题解决和决策
　　　　　 制定问卷 170
附录 B.25　制定战略沟通规划 172
附录 B.26　变革准备程度评价标准 174
附录 B.27　恐惧和希望：变革准备程度视角 176
附录 B.28　变革理论要点 177
附录 B.29　变革管理问卷调查 178
附录 B.30　公平性领导力反思评价判断标准 .. 179
附录 B.31　"我是谁"学生自我评估 181
附录 B.32　"我的学生"模型 183
附录 B.33　道德领导力行动指南 184
附录 B.34　公平性审查 185
附录 B.35　课例研究操作规程 187
附录 B.36　反思性循环目标表 189
附录 B.37　基于"6C"制订校本专业
　　　　　 发展计划 190
附录 B.38　评估已有知识和学习偏好 192
附录 B.39　专业发展影响评估 194
附录 B.40　评估对于专业发展的组织性支持 .. 195
附录 B.41　盘点分布式领导力 196
附录 B.42　导师型校长选择工具 197
附录 B.43　校长领导力的人文维度 198
附录 B.44　行动研究计划模板 199
附录 B.45　专业阅读反思 201

附录 B.1　准备一场电梯演讲

第一步： 为了准备一场有效的电梯演讲，你可以按照下面的提示写答案（尽可能多地写出你想写的词、句子和段落）：

1. **怎样引发对方接下来询问为什么？** 这是你吸引谈话对象的机会，通常是情感上的。诸如"你知道三分之一的学生在高中毕业之前都退学了吗？我们的高中承诺打响'三分之零'退学的战役"这样的陈述，在任何时候都可以完胜"我是汤森德高中的校长，战斗吧，圣斗士们"！

2. **你的愿景有何与众不同？** 许多学校都在争夺同样的资源，那为什么你的就比较特别？你能用什么数据资料来突出你们学校的成就、历史或特殊特征？人们常常愿意接触那些独一无二的、让人难忘的、特殊的、不同的学校、学区或有远见的想法。

3. **这对利益相关者有什么好处？** 了解自己的受众，并把这第三点设计成一定的格式，可以产生奇妙的效果：为什么一个机构想资助这项事业？为什么备选人想在你的学校里教书？为什么一个家庭有兴趣进入你们学区？"这对我有什么好处？"——对这个问题做一个简短的回答，以吸引你的受众，并让他们"看到"自己是可行的合作伙伴。

4. **人们可以从哪里获得更多信息？你要从他们那里获取的独特的东西是什么？** 随身携带名片，名片上要有学校网址、家长—教师协会（Parent-Teacher Association，PTA）的博客地址、你的 Twitter 地址、重要的邮箱和电话号码，以及任何其他可以提供额外信息的途径。如果你没有名片，那么最后就愉快地以"你可以在 Facebook 上查看我们的汤森德高中"而结尾。分享信息是很有帮助的，但识别对方的需要是实现学校愿景的一个重要因素。这就会使对方愿意作为合作伙伴，一起实现愿景。

第二步： 重新阅读一下你的回复，把它们缩减成最重要的信息。用一到两句话改写你的回答。要简洁。

第三步： 一起大声朗读，确保读起来流畅。如果需要背诵的时间超过了 120 秒（2 分钟），那么你还得继续修订。

第四步： 练习，练习，再练习。练习就是一面镜子，与配偶或朋友一起练习，与专业的同事一起练习。

第五步： 请你的管理团队、教师、其他员工和其他利益相关者的领导反馈意见，根据需要完善电梯演讲。鼓励他们照着做——更多的人以热情、清晰的方式传达信息，对学校和学生都有好处。

附录 B.2　个性化战略沟通规划

目的：	这一框架旨在帮助学校领导者制定战略沟通规划，以便持续地、有意识地接触每一位成员。
第一步：	在给出的空格内，简单写下你熟悉的几种工具，将其添加到我们提供的列表中，看看你的学校或学区是否涉及了所有的受众群体。
第二步：	单独阅读 Patrick Larkin 在《教育领导力 72》(*Educational Leadership 72*，2015.4)第 66~69 页发表的短文——《用社会媒体来交流》(*Say it with Social Media*)。
第三步：	在讨论了你目前使用的工具后，请查看随附的列表以获得更多的想法。将你们团队的任何好的想法写到附件列表中，并将该列表作为你们学校、各年级或各部门交流成果的指南。

受众	工具
学生	欢迎资料包 家庭作业笔记本 Instagram 帖子（分享照片）
家长和家庭	家长资源室 家长教育工作坊 发布信息和公告的软件或应用

续表

受众	工具
市民和退休人士	特别宣传活动 学校志愿者和导师计划 Facebook 好友（或微信等社交网络上的好友） _____ _____ _____
学校员工	学校董事会的决议 内部公告 Twitter 简讯（或微博简讯） _____ _____ _____
意见领导者和重要沟通者	市民及宗教团体会议 私人信件和手写笔记 用于问题管理的树形电话图 _____ _____ _____
其他人	项目宣传册 新闻发布 学校网站最新信息 _____ _____ _____

附录 B.3　三人小组操作规程

目的： 本操作规程对同行就"实践问题"或正在进行的工作（如修订课程、构建评估、解决问题、澄清问题或制定政策）提出反馈和获得反馈是非常有用的。

初始步骤——形成团队（约 5 分钟）

1．让大家组成三人小组。
2．让参与者决定谁承担三人小组中的 A、B 或 C 的角色。

第一步：（约 15 分钟）

1．参与者 A 作为发言者，描述当前出现的问题和有关专业实践方面的挑战。
2．参与者 B 作为讨论者，根据参与者 A 的评论、问题、例子或细节进行发言。
3．参与者 C 是观察者，静静地聆听，不说任何话，主要记笔记。
4．在 A 和 B 交流之后，C 总结一下他们说的话，并做出评论，然后得出一些结论。

第二步：（约 15 分钟）

交换发言者、讨论者和观察者的角色，重复第一步。

第三步：（约 15 分钟）

再一次交换发言者、讨论者和观察者的角色，重复第一步。

反馈并进行事后情况说明：（约 10 分钟）

所有参与者说出他们从这个富于反馈的讨论中所得到的收获。他们可以提出如下问题：

1．在此过程中你回答了哪些问题？
2．你现在还有哪些疑问？
3．下一步你打算怎么做？
4．在前进过程中，你如何追踪或监测你的进展？

附录 B.4	**利益相关者的愿景和过渡过程**
目的：	该过程收集到的数据为各学区任命新的校长提供了依据。关于新任校长是继续还是放弃学校的愿景工作，这个问题会在此得到相关的指导。这种透明性的操作在过渡时期可以加强对新任领导者的指导，同时也能够加强利益相关者的参与。
	利益相关者的愿景和过渡过程包含以下内容： 1. 明确目标利益相关者群体，收集反馈。 2. 分析数据，包括教师和学校领导者的数据。 3. 在整个过程中与学校进行交流。 4. 考虑内部和外部候选人，确保保持或重建集体愿景。
重点：	有关愿景方面所反馈的重点领域： • 预算优先级 • 专业发展实践 • 教师领导力 • 家长参与 • 反馈实践 • 学生参与性和责任 • 教学任务 • 教学反馈 • 教导和学习的期望、组织结构和支持 • 安全、氛围和文化 • 学校改进计划 • 合作 • 其他_____
形式：	调查所有的利益相关者，了解社区对当前愿景的义务，主要通过： • 社区论坛 • 网上问卷 • 焦点小组 • 特定会议 • 其他_____
后续行动：	新上任的校长可以与学区督导员和社区利益相关者合作，分析这些数据，然后制订一个过渡计划，找出上述类别间细微独特的差别，并支持产生积极结果的那些细微差别。同时，还可以取消任何没有产生结果的实践、程序和组织结构。

附录 B.5　资源审核模板

说明： 此工具可以指导校长和利益相关者实施季度性资源审核——对支出（包括人力资本、时间和资金）进行有目的的分析——使其保持正常运转及透明化操作。将此表格用于学校改进计划中的每一个目标，以确定资源利用效率，以指导决策，或者简化预算流程。

学校改进计划中作为审计重点的目标	
实现这一目标需要哪些资源？ • 人力资本 • 时间 • 资金	
针对目标分配的资源是什么？ • 人力资本 • 时间 • 资金	
为了实现这一目标，过去几年的资源分配是增加了、减少了还是保持不变？ • 人力资本 • 时间 • 资金	
为支持目标的达成还需要什么额外资源？ • 人力资本 • 时间 • 资金	
为了达成今年的学校改进计划目标，我们可以制订哪些调整或应急计划？	
关于目标和可用/已用资源的其他说明	

附录 B.6　基于数据信息的交流标准操作规程

群组/团队：_____　学校/校长/教师：_____

日期：_____　评估：_____

该数据调查的目的：_____

说明：　使用这个基于数据信息的交流标准操作规程来指导围绕评估问题的调查、分析和行动规划。这种交流对于分析教师个人、团队或部门、学校层面的观点以及学区范围的数据非常有用。

第一步：预测 你对你的学生在此评估中的表现有何预测？你为什么这么想？	
第二步：查看数据 有什么成就模式吗？随着时间的推移你关注到什么结果？某些群体或个人的表现比其他人好还是差？有没有异常？你注意到什么趋势或整体模式？	
第三步：分析结果 哪些学生需要额外的时间或支持？ 比较学生或团队在成功方面的差异。是什么造成了这种差异？成年人的方法会有不同吗？我们可以从中得出什么推论？ 我们团队的学生在哪些方面遇到了困难？是什么造成了这些困难？	
第四步：行动计划 我们应该即刻采取什么行动为需要帮助的学生提供支持？ 我们能对未来的教学和学习活动做出什么调整？ 为了提高工作的成果，我们还应该采取哪些措施？	

附录 B.7 "钱说了算"运行记录

说明： 此工具帮助校长分析财政支出，以确定其对学校改进计划目标的影响，并明确学校的具体需求。用财会数据为下一步决策提供信息，指导学校和学区预算的分配或再分配。

引导性问题	问题一或第一个9周	问题二或第二个9周	问题三或第三个9周	问题四或第四个9周
学校在这个学期（这9周）有什么需求				
需要什么数据来支持这个确定的需求				
需要什么资源来满足这一需要				
如果资源能够满足这一需求，期望的结果是什么				
如果把这个资源应用于此需求，如何评估其影响				

附录 B.8　关注阶段

目的： "关注阶段"这个工具包含并描述了人们对革新的七个关注阶段。人们处在变革的早期阶段可能会更加关注自己的问题，如担心他们能否学习新的项目，或者担心变革会如何影响自己的工作表现。随着个人对变革的适应程度和使用技能的提高，他们的关注点就会转移到更广泛的领域，如这项变革会如何影响他们的学生或他们与同事之间的工作关系。

说明： 以"关注阶段"这个工具作为指导，领导者让利益相关者就变革的不同要素进行反思对话（一对一，小组形式或员工会议）。在参与者做出回应时，领导者可以收集数据，指导进一步的支持和执行工作。领导者也能够通过询问他们需要什么来充分参与变革，同时与利益相关者保持联系。

关注阶段	关注点	典型对话
0：不关注	无关	"我想我听到了关于它的一些消息，但是我现在忙于其他更重要的事，没时间关注这个"
1：了解信息	自己	"这似乎很有趣，我想了解更多"
2：个人	自己	"我很关注在日常生活中需要做出的改变"
3：管理	任务	"我关注的是，用这种新方法准备教学需要多少时间"
4：结果	影响	"这个新方法会如何影响我的学生"
5：合作	影响	"我想就它的一些新观点分享给其他教师"
6：再关注	影响	"我对于更加有效的工作还有一些想法"

附录 B　反思型领导成长的策略

附录 B.9　明确学区改进计划与学校改进计划协调一致的操作规程

目的：	在学校改进计划发展循环的早期阶段，学区督导员会召集校长参加常规计划管理或专业发展会议，加强明确学区改进计划（战略性计划）与学校改进计划在横向和纵向上保持一致。（注意：这个操作规程并不是要创建新的学区改进计划、使命及愿景）
材料：	海图纸、马克笔（大的签字笔）、纱线、不同颜色的中/大型便笺纸或便笺条都有可能用到。每个校长需要带上一份自己学校改进计划的草稿以及他审阅过的学区改进计划。提供方便 5~6 个校长一组围坐的圆桌和舒适座椅。注意：校长的座位可以根据直属学校或年级水平（小学、初中、高中）进行划分，这样可以产生战略性的、以合作为重点的对话。
第一步：	会议前的阅读材料是为每位校长提供的学区改进计划的副本，要求他们将其中自己认为重要的观点及信息画出来。
第二步：	在会议期间，将学区使命和愿景的复印件贴在海图纸上发给每个圆桌小组。各个小组选出一个指导者、一个记录者和一个报告者。指导者要求小组内所有参与者分享（以循环的方式）他们画出的重要观点。作为一个小组，要对学区改进计划中他们认为最重要的五个观点达成一致。然后，报告者代表整个小组分享他们的主要观点。学区督导员听取他们的分享，并在总结报告中强调出来。
第三步：	回顾参与者对使命陈述和愿景陈述目的的理解。要求每个小组把自己认为最重要的五个观点写在单独的便签纸上（写两套），将其中一套贴在愿景陈述图表上，另一套放在使命陈述图表上。利用纱线或马克笔，将这些重要观点与使命和愿景连起来，这就可以发现出其中的差距或不匹配的地方。小组的想法或评论可以直接记录在这个图表上。
第四步：	给所有参与者留出时间，让他们在房间里进行一次画廊式的漫步（一种锻炼成员进行主动思考的教学策略），从其他小组中收集额外的想法或发现差距。当组员回到他们的桌子旁时，给他们时间来讨论各自的观察结果。督导员可以给整个团队留出时间，总结关于一致性的集体观察结果。

第五步：	过程是重复性的，而现在校长则要根据自己的学校改进计划，捕捉重要观点或意图（写在单独的便笺纸上，如果每个校长都用不同颜色的便笺，从视觉方面会更有帮助）。完成这个过程后，每个校长与小组进行分享，将自己的便笺贴在更大的图表中，放于学区改进计划重要观点之下。这些完成之后，指导者要求大家开展对话，讨论观察结果（关于关联性、一致性、不配对的情况和差距）。
第六步：	再进行一次画廊式漫步，那么校长们就可以衡量整个团队的定位。当校长们返回到自己的小组时，提示他们互相交流，就自己所观察到的不同小组的观察结果、关联性和横向一致性进行讨论。督导员可以为每个小组的报告者提供一个机会，让他们分享各自小组交流的结果。作为最后的反思，督导员可以为校长提供安静的书面反思时间，让他们反思并记录下自己的学校改进计划与学校使命和愿景的契合程度。

附录 B.10　步调一致操作规程

目的： "步调一致操作规程"的特点是，演讲者在参与者沉默时可以讲话，而参与者在演讲者沉默时可以讲话。它提供了三个层次的深度：演讲、参与者讨论和演讲者反思，最后用可展开的讨论进行总体汇报。该操作规程的进行时间可以是 30 分钟到 2 小时（通常是 1 小时）。

第一步： 介绍（只在第一次用，**5 分钟**）

- 如果参与者通常不一起工作，可以简短介绍一下自己。
- 指导者简短地介绍关于操作规程的信息或指南，并规定每个步骤的时限。

第二步： 发言（**15 分钟**）

- 演讲者设定背景，描述教学/学习情境，其间参与者可以记笔记。
- 演讲者分析和描述与教学/学习情境相关的事物，包括学生的功课。演讲者应该利用部分发言时间让参与者检验一下他正在演讲的内容。
- 演讲者提出一两个关于教学情况的关键问题。

第三步： 澄清问题（**5 分钟**）

- 参与者针对演讲者询问一些非评判性的问题（例如，在 X 之前发生了什么？然后你做了什么？Y 说了些什么？）。
- 指导者会防范那些涉及评判性的问题（例如，你为什么不试试 X？）。那些问评判性问题的参与者可能会被要求重新陈述问题以便澄清，或者将问题保留到参与者讨论阶段进行。
- 参与者不会得到所有问题的答案，这是完全有可能的，因为时间向来不够用！但是参与者在此阶段可以获得足够多的信息，从而让此操作规程变得富有成效。

第四步： 个人书面记录（**5 分钟**）

演讲者和参与者记录下演讲内容，解决关键问题。这一步可以帮助每个参与者在讨论期间集中注意力，并且有话可说。

The Principal Influence

第五步： 参与者讨论（15 分钟）

- 参与者讨论演讲过程中提出的问题，努力加深他们对于情境的理解，力求加深对情况的了解，并就演讲者提出的问题寻求答案。
- 演讲者保持沉默，记录下参与者所言。
- 除非演讲者有不同的引导，否则参与者应该努力在热情和冷静的反馈之间保持平衡。
- 参与者应争取进行实质性发言。他们不应该参与循环式的讨论，而应该一次只专注于一个想法。
- 指导者应该关注参与者的个人发言时间，确保他们的注意力集中在讨论的工作上，而不是演讲者身上。
- 在这一步参与者主导讨论的内容，这是他们要改进的问题。而此时演讲者只需要静静聆听并记下笔记。

第六步： 演讲者反思（10 分钟）

- 演讲者针对参与者的讨论进行大声的反思讨论，并利用参与者提出的问题来加深理解，并对所提问题的参考答案进行反思。演讲者也可以对未来措施、问题、困境等提出建议，也可以对任何误解进行纠正。
- 参与者安静地记录下演讲者反思的内容。

第七步： 详细汇报（5 分钟）

- 演讲者讨论操作规程运行的效果，并感谢参与者的支持。
- 参与者讨论他们对操作规程执行效果的看法，并感谢演讲者提供的工作案例。
- 演讲者和参与者对所复述的情况和操作规程本身进行更广泛的讨论。

附录 B.11　持续改进循环

目的：	PDSA 循环旨在提供关于变革的信息（数据）并评估其产生的影响。学校和学区可以利用这个循环来监督短期和长期的学校改进计划、教学周期和其他革新。教师个人和团队也可以利用这个工具来指导课程开发、教学技术、个性化学习计划及其他革新。
说明：	尽可能遵循 PDSA 循环的四个简单步骤，以评估计划、创新或变革的效果。
第一步：计划	有一个明确目标的设想，并制订一个完整的计划来实现这个目标。可以考虑创建一个 SMART 目标［Strategic（战略性的）、Measurable（可衡量的）、Attainable or Aggressive（可达成的或有进取心的）、Results-oriented（面向结果的）、Timebound（有时限的）］来协助完成这一步骤。引导性问题包括：我们的目标是什么？我们如何衡量我们的成功？我们将如何努力实现这一目标？我们什么时候检查进度？
第二步：执行	按照计划中概述的战略，执行行动步骤。忠于计划是很重要的，因为它为循环的其余步骤提供了连贯和可靠的反馈。收集数据的建议时间表可能包括 3 周、6 周和 9 周的间隔（当然这些都可以修改）。
第三步：研究	随着计划的开展，收集证据并分析创新、变革或计划的影响就十分重要了。利用 SMART 目标提供的可测量数据来指导这一步。引导性问题包括：自实施该计划以来，我们看到了哪些成果的变化？这些变化是否反映了改进？为何如此？计划中哪些因素比其他因素更具影响力？有哪些潜在的修改可能会增加这个计划的积极效果？
第四步：行动	使用 PDSA 循环步骤三"研究"中的证据，采取行动：（a）优化计划，（b）放弃计划，（c）继续计划以收集更多数据，（d）准备全力实施计划（必要时）。（必要时对 PDSA 循环进行重复操作）

计划
短期和长期计划发展

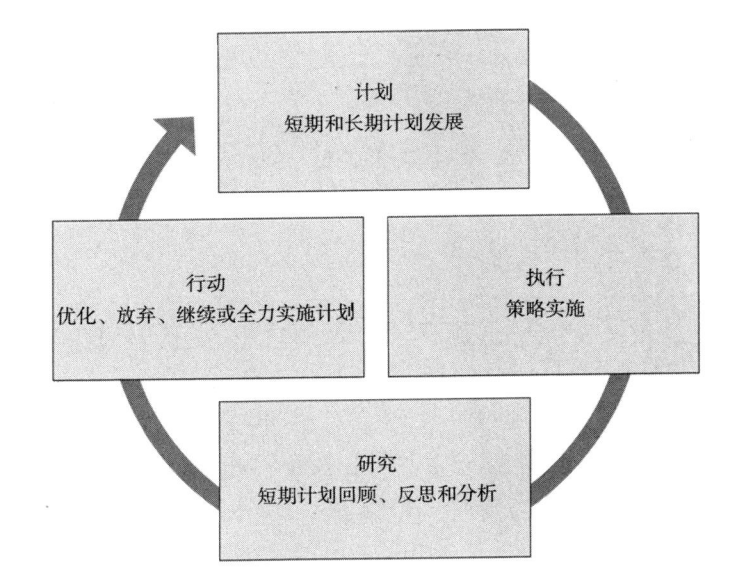

执行
策略实施

研究
短期计划回顾、反思和分析

行动
优化、放弃、继续或全力实施计划

附录 B.12　关于建立共识方面的建议

目的： 当团队的承诺对计划、方法或优先行动的成功至关重要时，建立共识就是当务之急了。领导者的第一步是促进所有参与者对"共识"达成一致定义。一旦这种情况清楚了，建立共识的过程也应该得到所有利益相关者的认同。该工具提供了在任何规模的团队中建立共识的技巧和步骤。

说明：

第一步： 定义"共识"

每个参与者写下自己对"共识"一词的定义，然后与另一个人合作，完善并改写成他们共同认可的定义。每对参与者与另一对参与者合作，结合并优化他们的定义组合，形成一个四人组的混合定义。这个过程可以一直重复，直到整个团队达成对这个词的唯一定义。

第二步： 头脑风暴式讨论

留出时间讨论现有的问题，让所有参与者提供其观点、数据、研究和意见。确保所有成员都有平等的机会分享和参与讨论。

第三步： 综合主要观点

基于彼此的想法，求同存异。将总结性要点公开展示（如展示在海图纸上），这样参与者可以看到这些观点得到了大家的认同。

第四步： 建议采取行动

努力得出小组所有成员都能接受的建议或决策。如果存在分歧，让整个团队参与进来，找到双赢的解决途径。

第五步： 收集支持的证据

为了确保每个团队成员都可以接受这些建议或决策，所以每个人的回应都很重要。领导者/指导者应该问这样一个问题：你支持这个决策吗？或者你能接受它并支持它吗？可以使用以下策略：

- 口头上：循环式讨论（注：类似于头脑风暴，但确保每个人都有平等发言的机会，轮流发言）他们如何支持这个决定。
- 非语言：使用"0到5"打分的方法（0指拒绝支持，5指完全赞同，0~5之间的数字代表中间阶段）。

注意：	达成共识的过程既不靠投票，也不靠权力，即便领导者也无权干涉。整个过程是透明和公开的，表明了团队愿意接受所有的观点，并为整个团队的最大利益而行动。
对"不"的应对	如果有人提出他不能或不愿支持提议的决策，领导者/指导者应该问怎么做（需要怎么调整）才能让这个人支持提议的决策。此时，这个进程就跳回第三步——团队根据需要集体进行调整。团队可以给持不同意见的人一段尝试期，其间他要尽可能支持这个决策（不能阻碍或妨碍该过程），在此之后，团队再返回来重新开始。团队常常致力于通过这种类型的支持，进而帮助个人支持共同的决策。

附录 B.13　共识汇集模型

目的：	共识汇集模型通过对特定主题进行反复提问的问卷调查，从而达成共识。请将此工具视为将许多想法"汇集"到最紧迫、最有用或最重要的想法中的一种方式。然后形成融合所有视角、最终基于最重要信息的决策。
说明：	
第一轮：	提出一个开放式或结构化的问题（如判断题、选择题、填空题等），概括当前主题的核心问题。例如："在让学生准备结构化问题考试时，教育工作者应考虑的最重要的因素是什么？"所有的参与者都参与到自由讨论中，以了解广泛的研究、文献综述、专家意见、个人经验和自己的专业知识。这是一个开放式的自由讨论过程，目的是提出所有可能的解决方案和想法。将参与者的回答贴在海图纸上或以其他容易查看的形式发布。
第二轮：	综合第一轮中的大量讨论结果，制作一个主题、因素或问题的优先级列表。要求参与者按照学校、年级或部门的重要性对项目进行排序。例如，继续第一轮问题的主题，可能包括：（a）"学生们能够在有提示的情况下轻松快速地辨别出核心问题"；（b）"通过使用文章中的证据，学生们能够增加一些细节来支持他们的回应"；（c）"学生能够根据核心问题得出结论或总结回答的内容"。如果一些最初的自由讨论的建议是相关的，把它们综合起来，避免重复。
注意：	第二轮可以重复很多次，把最初的自由讨论汇集到一个更方便操作的列表中。
第三轮：	最后的清单是根据第二轮讨论的优先级排名发布的，以便达成共识。任何在最后一刻提出的主张或反对意见（由数据或研究证实），可由校长或小组在就该议题采取行动之前加以考虑。

附录 B.14　处理棘手问题

目的： 每一次会议，每一个团队，都有可能出现难以处理的局面。此表旨在为领导者/指导者提供指导，帮助他们尽可能无缝、高效地开展业务。为了避免棘手的参与者干扰，可以从私人的、一对一的谈话开始。下表可以指导领导者/指导者处理某些特定状况。

会议参与者的类型	有效地对待这类参与者的方法
反对者 （总是唱反调的人，天生喜欢反对他人建议的人）	✓ 询问反对者会提出什么替代方案 ✓ 询问小组成员对反对者的看法 ✓ 询问反对者"对于提出的解决方法，有哪些地方要改"（不要接受他"这样不行"的回答）
挑衅者 （那些用不适当方式表达不同意见的人）	✓ 提醒挑衅者将其评论限定在观点上，而不是针对个人 ✓ 给挑衅者提及大家一致认可的会议行为规范 ✓ 询问其他参与者是否同意挑衅者的言论 ✓ 如果挑衅者的评论并不是指向某个人，可以忽略它，等到休息的时候，你可以找他私下交谈 ✓ 如果评论直接针对你，那么你要表现出专业和尊重。要承认对于任何既定主题都有不同的思考方式。避免陷入辩解或争论的境地
主导者 （用冗长或不必要的回复主导讨论时间的人）	✓ 打断与主导者的眼神接触，点名叫其他人提供建议 ✓ 对所有参与者的回答加上一定的时间限制 ✓ 当主导者停下来喘息的时候，抓住机会征询其他人的观点 ✓ 举起你的手，掌心朝外以制止主导者发言 ✓ 在每次会议开始的时候，在墙上贴一张活动挂图，并贴上"待讨论"的标签。当参与者表现出主导者的特征时，在便利贴上写下他的评论，并把它贴在挂图上。会议结束时，和主导者一起回顾这些评论

续表

会议参与者的类型	有效地对待这类参与者的方法
哗众取宠者 （觉得有必要成为会议焦点的人）	✓ 要求哗众取宠者帮助完成任务，如进行示范，利用他渴望关注的心态 ✓ 如果哗众取宠者的行为未造成混乱，别理他（如转身背对着他）
回避者 （不能或不愿在会议上专注的人）	✓ 准时开始会议，并进行积极的互动 ✓ 如果需要告知回避者他们在会上错过了什么，就让他们在会议之后或休息期间与你联系 ✓ 安排好场地环境，这样你就可以随时与所有员工进行眼神交流 ✓ 当回避者与旁人单独聊天时，在继续领导会议的同时，随意地走向他们，然后站在他们旁边，直到他们停止说话 ✓ 当某个参与者似乎不愿意参与到大型团队活动中时，直接喊出他的名字，让其参与进来

附录 B.15　发展结果导向的专业学习共同体

说明： 通过分析学校和学区的专业学习共同体的执行程度和影响程度，为校长提供指导。使用收集到的信息指导规划步骤，进一步实施面向结果的、合作的专业学习共同体的领导力工作。

描述一下专业学习共同体怎样符合目前和既定的学区优先事项？	
各学区如何评估学校专业学习共同体的有效性？	
各学区收集了哪些资料以证明其有效性？	
作为校长，你如何评估自己学校专业学习共同体的有效性？	
你收集了什么数据来为专业学习共同体的有效性提供证据？	
你需要哪些具体的行为和实践来有效地支持学校的专业学习共同体？	
为了确保所有的校长们参与这些行动和实践，学区还需要提出哪些具体的期望？	
所有校长都需要有不同的支持来满足地区的期望。为了提高专业学习共同体的领导效率，你需要哪些具体的支持？	
谁将为你提供这种支持？	
什么时候会给你提供支持？多久一次？	
还有哪些因素是需要考虑的？我们还应该注意哪些信息？	

附录 B.16　个人专业发展计划模板

说明： 这个工具辅助教师进行个人能力培养。校长和教师（或辅导员，视情况而定）共同完成这个表格，根据结果创建一个协作计划，促进教师成长为反思型教育工作者。

第一部分：反思阶段	教师姓名	持续性反思的阶段	可以反映教师在这个阶段的表现的行为
		□ 无意识阶段 □ 有意识阶段 □ 行动阶段 □ 优化阶段	
第二部分：重点领域	目标设定的重点领域	表明这个目标合适的数据（考虑数据源和当前表现/成就的水平）	
第三部分：技术目标	根据教师的表现和/或学生的成就，以及第二部分的回答，写出一个 SMART 目标		
第四部分：反思目标	持续性反思各阶段中教师的能力培养目标		

续表

	☐ 如果处于无意识阶段，目标就是培养对学生、学习内容和教学的更深层次的意识 ☐ 如果处于有意识阶段，目标就是在满足学生需求、学习内容和教学方法方面更有目的性 ☐ 如果处于行动阶段，目标就是以经验为基础，通过对教学影响的精确评估，帮助强化专业知识 ☐ 如果处于优化阶段，目标就是通过对持续性评估进行反馈，鼓励长期发展和持续性反思
第五部分： 自主行动步骤	为了达成这些目标教师应采取的自主行动

	教师的管理者（校长、副校长等）会提供的支持	提供支持的方式	提供支持的频率
第六部分： 行政支持			

	教师的教学辅导员（导师、部门主任等）会提供的支持	提供支持的方式	提供支持的频率
第七部分： 辅导/同伴支持			

附录 B　反思型领导成长的策略

附录 B.17　分阶段差异化反馈指南

目的： 使用下面的文件作为指南，根据教师在持续性反思的不同阶段，选择一致的语言和反馈提示。根据此处提供的条目和提示，领导者可以发起对话，在教师中形成反思性思考，并满足他们作为反思型教育工作者的需求。

无意识阶段

能力培养目标：培养对学生、学习内容和教学的更深层次的意识

- ☐ 当你做____，学生正在做____。它有效是因为____。再做一次！
- ☐ 我注意到你使用了____，它之所以有效是因为____。每当你想让学生们____的时候就可以使用它。
- ☐ 当你做____，学生正在做____。明天，试着____，然后告诉我效果如何。
- ☐ 你今天的课上得很成功，因为____。
- ☐ 你（或你的学生）今天遇到了困难，因为____。下次如果发生这种事情，试着____。然后告诉我发生了什么。
- ☐ 你看起来被____所困扰，而且我注意到你____很多次。明天，试着记下你一共____了多少次。然后我们继续讨论。
- ☐ 我注意到____，这不是你/我们在课堂中想要的，试着____来使课堂回到正轨。这一般都会奏效，因为____。

有意识阶段

能力培养目标：在满足学生需求、学习内容和教学方法方面更有目的性

- ☐ 你的目标是____。我如何帮你保持专注并支持你的工作？
- ☐ 我看到今天你使用了____。继续保持！今天有哪些活动效果不错？
- ☐ 告诉我今天活动的目的。有什么可以证明你是成功的？
- ☐ 今天，你的学生在____取得了成功。你做了什么直接导致了他们的成功？
- ☐ 今天我注意到____。如果你试着____，结果会有什么不同？试一试，让我知道情况如何。
- ☐ 昨天我注意到你的学生____。今天，他们是____。你如何确定你的日常课程组织结构？
- ☐ 告诉我更多关于今天课程的计划。你这节课程选择这个策略的原因是什么？
- ☐ 你如何根据你对学生的了解来推动每天的课程计划？
- ☐ 当你今天____的时候，我注意到几个学生_____。你如何转变明天的课程以改变学习效果？
- ☐ 这节课程与学生之前和未来的学习目标是如何联系的？
- ☐ 明天的课程中学生可能会有哪些错误观念？你计划如何解决呢？

续表

行动阶段	能力培养目标：以经验为基础，通过对教学影响的精确评估，帮助强化专业知识 ☐ 今天活动的目的是什么？它是否获得了成功？你怎么知道？ ☐ 今天课程的哪些部分进展顺利？哪些部分没有？为什么？ ☐ 今天课程的目标是什么？你是如何确定这个目标的？ ☐ 今天我看到你＿＿＿。这个对你的目标有用吗？你怎么知道？ ☐ 今天为什么你选择＿＿＿？这个策略有效吗？你怎么知道？ ☐ 今天你还用了其他的哪些策略来达成自己的目标？ ☐ 你如何预先确定那些表示你上课成功的证明？ ☐ 你对学生学习的观察与更正式的评估数据相符吗？ ☐ 如果可以重新上一次这个课，你会有什么不同的做法？为什么？ ☐ 哪些学生成功地达成了今天的目标？哪些学生还需要努力？为什么会这样？ ☐ 学生从今天的课上学到了什么？ ☐ 作为一个学习者，你能告诉我关于＿＿＿？你怎么才能知道更多呢？
优化阶段	能力培养目标：通过对持续评估进行反馈，鼓励长期发展和持续性反思 ☐ 今天，你的学生＿＿＿，你立即回应＿＿＿。你打算如何消除这个误解？ ☐ 今天的课上到一半时，你突然改变了计划。是什么导致了这个决定？这一步成功吗？你是怎么知道的？ ☐ 在课程进行过程中，你如何知道学生是在学习？你希望得到什么？ ☐ 在你的课堂上，你如何识别学生特定的学习方式？ ☐ 解释一下计划这样一节课的思路。你如何知道该选择哪种策略？你如何决定该选择什么行动？ ☐ 你在多大程度上和自己的同事合作来规划和传授自己的课程？你怎样才能更有意识地与你的队友合作呢？ ☐ 你今天的课让我想起了我最近在《教育领导力》(*Educational Leadership*)上读到的一篇文章。我会放一份在你的信箱里。我很想听听你的想法。

附录 B.18　咨询操作规程

目的： 该操作规程的目的之一是了解其他人如何理解两难困境，并对其做出反应。这个操作规程可以帮助发言者解决一个两难困境或问题，内容听起来像寻求和获得建议，但是咨询操作规程的主要目的就是开拓人们的思维，以新的方式思考与教和学有关的问题。

参与者数量： 最好是一个 8~10 人的小组，包括发言者和指导者。

需要的时间： 第一部分（个人写作）时间各异。第二部分的讨论需要 45~60 分钟。

第一部分——写下两难困境

这部分在进入小组之前由个人单独完成。

第一步： 思考一下想要讨论的困境。困境应该是一个人们正在苦苦挣扎的问题，在解决之前还有一段路要走，如何掌控在于他们自己，而且这对他们的工作至关重要。

第二步： 写下这个困境。国家学校改革学院（National School Reform Faculty，NSRF）提供了以下问题作为指导（咨询操作规程）：

— 为什么这对你来说是个困境？为什么这个困境对于你很重要？

— 你对这个困境的直接印象（就像给它拍张快照一样）是什么样的？

— 你已经做了什么来试图补救这个困境？这些尝试的结果如何？

— 你希望改变谁？你希望谁会采取行动来解决这个困境？你在此希望提供的是一个关于你自己的——而不是别人的——有关实践、行动、行为、信仰和假设方面的困境。

— 关于这个困境，你认为什么是正确的？这些假设是如何影响你对这个困境的思考的？

第三步： 将这个困境作为触及核心的焦点问题来陈述。这是国家学校改革学院提供的一个例子：困境——教师喜欢和学生一起做项目，但这些项目似乎从无关联，也无非常一致的教育目标，它们只是很有趣。问：我如何与教师合作，让他们在深入学习重要概念的同时，仍然保持与实践学习的联系？

第二部分——咨询过程

（建议时间参考 50 分钟的会议）

第一步：	发言者概述（10 分钟）
	• 发言者简单描述这个困境，并提出一个小组要考虑的重点问题。
	• 发言者可以给参与者提供一页纸或更短的对于困境的描述。
第二步：	澄清问题（5 分钟）
	• 参与者要求澄清发言者的问题——可以用事实来回答的问题。
第三步：	探索问题（5 分钟）
	• 小组提出探索性的问题，帮助发言者拓展对困境的思考。
	• 发言者不必回答问题。如果发言者做出回应，参与者就不会讨论答案。
第四步：	参与者讨论（15 分钟）
	• 发言者离开小组，记录下参与者的讨论。
	• 参与者可以描述发言者可能采取的行动，但他们不应该决定解决方案。他们的工作只是为发言者提炼问题。
	• 国家学校改革学院提出以下问题推进讨论：
	—我们听到了什么？
	—我们认为相关的哪些事情我们没有听到？
	—什么样的假设在起作用？
	—这个困境给我们带来了哪些问题？
	—我们如何看待这个困境？
	—如果面对一个类似的困境我们应该做或尝试些什么？在类似的状况下我们已经做了些什么？
第五步：	发言者反思（10 分钟）
	• 参考参与者讨论过程中记录下的笔记，发言者会反思参与者说了什么，以及他们的评论如何影响了他的想法。
	• 对于发言者来说，分享讨论提供的新见解尤为重要。发言者甚至可能发现在发言结束时提出的问题已经改变了！
第六步：	总结汇报（5 分钟）
	• 指导者引导小组讨论操作规程过程，并邀请发言者和参与者继续改善这一困境。

附录 B.19　圆形贴操作规程

目的： 圆形贴操作规程旨在帮助团队达成一致或形成共识。该操作规程可以用于帮助确定学校改进计划中的优先事项，或者对教学"最佳实践"的定义达成一致。

过程：

第一步： 调查研究

在确定了当前的主题之后，整理图书摘录、文章、视频和其他资源，突出该主题的研究和信息。作为一名员工，或者作为年级组或学科组成员，参与协作调研活动（一起阅读，解决在回顾研究中发现的问题）。

第二步： 将经验和专业知识融入讨论

将员工聚集在一起，分享他们自己的经验和专业知识。在适当的情况下，员工可根据自己的个人经验、专业知识，以及对第一步所完成研究的回顾，在海图纸上写下他们对下列任一或所有提示问题的回应：

1．这个主题在实践中是什么样的？
2．这个主题在实践中会是什么样？
3．这个主题成功实现后的结果是什么？

第三步： 确定各要素的优先级

给每个参与者发三个圆形贴（可以在办公用品商店买到）。指导他们将自己的圆形贴张贴在最有可能正确的答案旁边。参与者可以"投票"选出三个不同的答案，或者将自己的投票合并为一个或两个特别有力的书面答复。

第四步： 编制最具影响力的列表

作为一名员工，或者作为年级组或学科组成员，与其他人一起确定5~6个（可能多于或少于这个数字，这取决于投票结果如何）获得最多选票的回答。把这些重新写在新的海图纸上，张贴出来给大家看。

第五步： 设定期望

修订后的列表就是员工达成的一致或共识。作为领导者，要建立这样一种期望，即这份列表具有真正的权威——这是团队的意愿，应该置于任何其他个人因素之上。例如，如果"圆形贴操作规程"被用于阐明教学过程中的最佳实践，那么最终的列表就会变成示范标准，也是大家在实施之后期待出现的结果。这也会变成其他的专业发展、辅导和策略性反馈的重点。

附录 B.20	教学轮访指南
目的：	教学轮访是一种促进合作和培养教师集体能力的策略。通过参与这种活动，教师可以拓展他们的技能，学习同事的教学实践，而且可以参与到关于教学方法的反思对话中去。
第一部分：	进行轮访 进行轮访的小组人数通常都比较少——3~5 个人，不算领队的教师。当轮访排到了自己的课，上课的教师要提醒学生会有其他教师来参观课堂。被观察的教师可能会向自己的学生解释说，这些教师正在互相学习，就像学生们在互相学习一样。观察者进入教室时，只需要敲门然后静静地走到不影响教学的位置，通常在教室的后面。他们观察当前的活动，并记录在自己的观察表上。 观察结束时，观察者小组离开教室，要记得感谢被观察的教师和学生。
第二部分：	轮访内容总结汇报 在轮访之后，观察小组的成员聚到一起汇报各自的经验。他们每次讨论一个观察结果。可以通过循环的形式，每个观察者对自己注意到的内容发表自己的看法。由轮访的领导者来推进这个过程。 领导者首先要提醒每个人，讨论的目的并不是要评价被观察的教师。关于如何分享观察过程的规则应该在汇报之前制定好。一些有用的规则如下： • 汇报期间做出的评论不应该与任何人分享。 • 除非被观察的教师明确要求反馈，否则不要向他们提供建议。 • 课堂中观察到的任何东西都不应该与任何人分享。 • 应该感恩和感激被观察的教师愿意向其他人开放自己的课堂。 当观察者轮流对某一个课堂上观察到的问题进行评论时，使用"+"和"△"符号就很有用。观察者可以用"+"记录下他观察到的好的一面。然后，观察者可以对教师使用策略方面存在的一些问题，用"△"符号进行标记。最后，观察者将自己的教学策略与观察到的一个或多个策略进行比较。

+	△

这个过程是针对每个观察到的课堂完成的。对于每一个特定的观察过程，观察员可以选择不与小组分享他的分析。汇报结束时，所有的观察者都要确定一种他们在课堂上可能会采取的不同做法。

附录 B　反思型领导成长的策略

附录 B.21　学校走访观察模板

目的： 这个工具适用于参观者在走访学校的教室进行观察。这种观察可以促进被访者和走访者的交流。

观察者姓名：_____ 被观察学校：_____

日期：_____ 走访目的：_____

第一部分： 收集观察数据

观察到的教学策略或教师行为（输入）		教师行为的直接结果（输出）	
教育案例记录		被走访学校/被观察教师提供的额外信息	

观察到的教学策略或教师行为（输入）		教师行为的直接结果（输出）	
教育案例记录：		被走访学校/被观察教师提供的额外信息	

观察到的教学策略或教师行为（输入）		教师行为的直接结果（输出）	
教育案例记录		被走访学校/被观察教师提供的额外信息	

第二部分： 总结汇报

在观察小组中，讨论你们的观察结果。你观察到了哪些关键的策略、行为和组织结构？它们是如何影响学生的行为和学习的？这对你的学校有什么影响？你还有什么问题要问观察小组吗？

作为总结汇报的一部分，要为被访学校校长、指导者和员工小组安排一些时间。可以询问任何有关你所观察到的策略、组织结构的创设或执行的问题。最后要确保对被访学校安排时间和给予开放表示感谢。

附录 B.22　数据操作模型概述

目的： 这个数据操作模型展示了数据会议（Data Meeting，DM）的日程安排，分析了特定教学实践、课程组织结构和干预计划。这种模式可以有效地应用于课程（一个学期或一年）、教学单元（几天到几个月）或特定的学生学习目标（几天以内）。

说明： 以小组的形式，按照每个 DM 标题下标注的步骤进行。需要时可以重复进行。

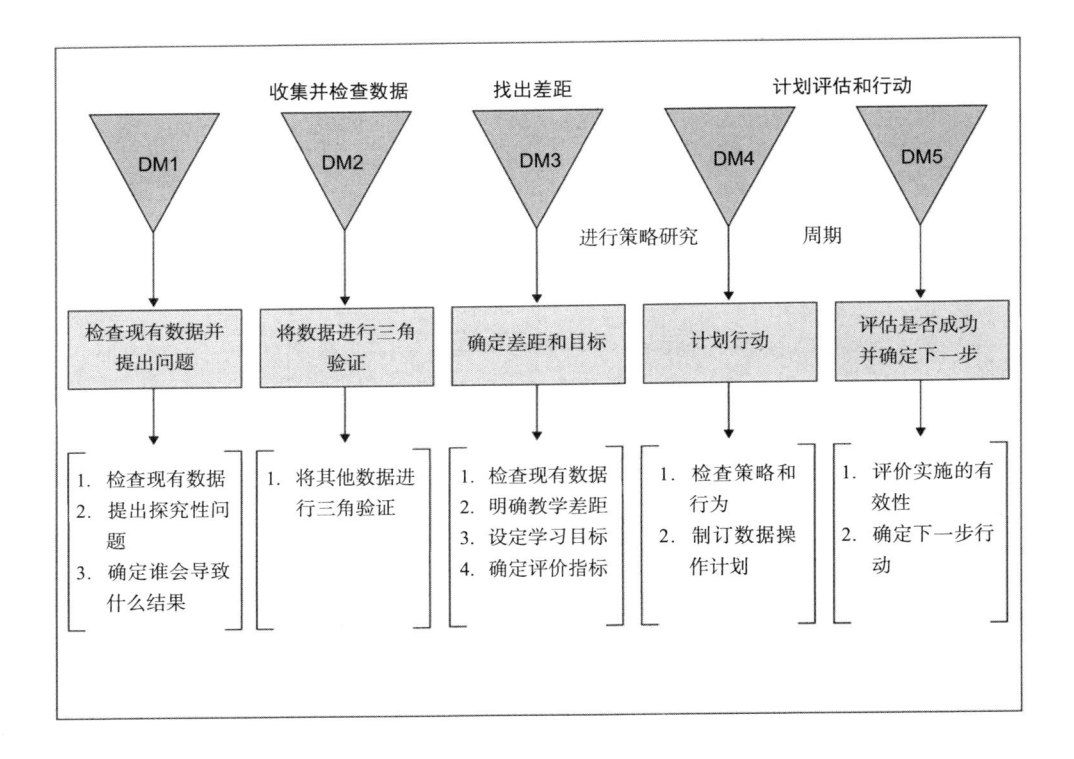

	收集并检查数据		找出差距		计划评估和行动	
DM1	DM2		DM3	DM4		DM5
			进行策略研究		周期	

检查现有数据并提出问题	将数据进行三角验证	确定差距和目标	计划行动	评估是否成功并确定下一步
1. 检查现有数据 2. 提出探究性问题 3. 确定谁会导致什么结果	1. 将其他数据进行三角验证	1. 检查现有数据 2. 明确教学差距 3. 设定学习目标 4. 确定评价指标	1. 检查策略和行为 2. 制订数据操作计划	1. 评价实施的有效性 2. 确定下一步行动

附录 B.23　儿童全面发展合作伙伴资源库

说明： 领导团队要一起建立潜在的、支持儿童全面发展方案的学校、社区合作伙伴资源库。集思广益，讨论每个潜在的合作伙伴可能会提供的支持。通过头脑风暴和讨论，指派团队成员对接潜在的合作伙伴，并邀请他们参加初期会议，了解更多的儿童全面发展宗旨以及它们如何使学生和家庭受益。

	健康	安全	参与	支持	挑战
社区学院/大学					
健康与公共服务机构					
企业/公司					
服务学习机构					
多年龄段服务机构					
文化机构					
宗教组织					
其他					

附录 B.24 儿童全面发展问题解决和决策制定问卷

目的： 这些问题用来深度挖掘和调查一些问题和决策，用于实现你们的儿童全面发展目标和年度业绩目标。

说明： 为领导团队成员组成的调查小组分配一组问题，让他们进行调查和讨论。让每个调查小组在学区或学习领导力团队会议上分享自己的调查结果和结论。根据调查小组的调查结果，确定需要解决问题的领域，并确定下一步在这个方面需要采取的必要行动，达成学区或学校的儿童全面发展目标。

1. 我们需要解决哪些障碍和问题来帮助每个学生健康入学？
2. 我们如何改善与我们同类型学校的合作，以更好地帮助每个学生健康入学？
3. 在将我们的学校建设成一个健康校园的过程中，我们面临的障碍和问题是什么？
4. 在我们的社区中，是什么阻碍了家庭享受必要的健康及公共服务？为了解决这些问题我们需要做出什么决策？
5. 在关于健康行为的选择方面，目前在个别学生、学生的子群体和我们的全体学生中存在哪些明显的问题？
6. 我们的学生在多大程度上明显存在心理健康、营养和身体健康问题？
7. 我们的员工在多大程度上明显存在心理健康、营养和身体健康问题？
8. 我们的教职员对如何让学生形成健康的选择方式和生活方式的理解存在哪些问题？
9. 哪些问题和阻碍使得我们的每个学生无法体验到他们的教育为他们带来智力方面的挑战？
10. 我们如何完善我们的能力以改进每个学生在智力方面的挑战？
11. 在我们的学校或学区中存在哪些问题，会使我们的学习环境影响到所有参与者的人身安全？
12. 在我们的学校或学区中存在哪些问题，会使我们的学习环境影响到所有参与者的心理健康？

13. 是什么障碍和问题让我们的学生感觉不到参与了自己的学习过程?
14. 是什么让我们学校或学区的学生感觉与我们学校及其提供的学习环境没有关系?
15. 我们招聘新任教师的过程中还存在哪些问题?
16. 在确保每个学生与合格的、有爱心的成年人一起工作的过程中还存在哪些问题?
17. 为了确保每位学生都能与合格的、有爱心的成年人一起学习,我们需要做出哪些决定来提高我们员工的长期专业发展水平?
18. 关于我们毕业生的质量,我们从社区的雇主那里得到了什么样的反馈?
19. 我们如何解决这方面现存的问题和不足?
20. 我们的学生接受高等教育(如学院、大学、职业学校、军事训练)时取得了多大的成功?我们在这方面需要解决哪些问题、缩小哪些差距?
21. 在21世纪所需的工作技能和熟练程度上,我们的毕业生到底有多大的竞争力?我们是如何知道的?我们需要做些什么来提高我们在这方面的认识?

附录 B.25　制定战略沟通规划

说明： 讨论以下沟通目标、策略和工具。根据需要添加和修改，制定一个规划，以便公开、频繁、有效地与主要利益相关者和单位进行沟通。

目标一： 提供关于学校计划、事件和活动方面的信息。
受众：家长和家庭。

策略	工具
在新学年开始时，为包括新家庭在内的所有家庭提供欢迎信息	个性化的欢迎信或邮件
发布每周的新闻简报，包括会议通知、班级新闻、菜单和育儿技巧	学校网站、社交媒体渠道（Facebook、Instagram、Twitter）
制作学校网页，包括教职员的证书、联系方式和课程描述	学校网站
其他	

目标二： 提供关于学生学习、进步和成绩的信息。
受众：家长和家庭。

策略	工具
准备并发送与学习目标及成绩标准一致的成绩单和中期进展报告	成绩单；进展报告
为教师提供便笺簿，以便为家长和家庭提供特别手写便笺	特别设计便笺簿
准备学校资料，通过电子邮件向意见领导者（有影响力并能提供建议的人）和团体分发时事通讯，并向校长和董事会发送报告	
为家长提供单元计划和课程大纲，强调为达标而制订的学科标准和教学计划	
为员工提供机会学习有效的会议技术	
其他	

附录 B　反思型领导成长的策略

目标三： 提供关于帮助孩子们学习和他们学习成就方面的信息。
受众：家长、家庭和社区组织。

策略	工具
提供育儿技巧，如提供家庭作业方面的帮助、推荐书籍、举办安全和健康主题以及教育活动	时事通讯、网站、社区会议和社会媒介渠道（Facebook、Instagram、Twitter）
告知家长和家庭有关国家标准、学区课程和课本、学生成绩测试和学校成绩单的信息	国家教育部门的网站、学区网站、学校网站和时事通讯
邀请家长参与课堂活动、媒体中心研究活动、实地考察和特别活动	
其他	

附录 B.26 变革准备程度评价标准

说明： 收集每个利益相关群体对接受特定变革活动的看法、开放性和准备程度等信息。利用这些信息来指导决策、沟通和其他学习机会。

领域	已准备好	中间状态	未准备好
学校的历史	认为以前的变革是积极的，而且总的来说是成功的	对以前的变革没有经验，认为之前的变革对团队影响不大	认为之前的变革总的来说是不成功的，有过负面的经历
感知到的变革需求	认识到目前的状况是无法令人满意的，如果要取得进展，就必须在当下做出改变	意识到事情可能会变得更好，但对现状并不是完全不满意	不认为目前的状况是糟糕或困难到了需要变革的程度，觉得其他人需要变革但自己并不需要
员工的变革意愿	个人和团队愿意做出艰难的选择，接受因此带来的改变将会非常困难，可能有很长一段时间的不适应	如果不会给团队带来很大的不便，可能会愿意变革	认为没有必要改变。不愿意做任何可能给团队带来不适的、明显的改变
对领导者的信心	相信目前的领导者有能力完成变革	由于之前的经验或缺乏相关知识，对领导者没有强烈的正面或负面的看法	对于现任领导者的能力和（或）动机整体持负面态度，不相信领导者可以完成变革

附录 B　反思型领导成长的策略

续表

领域	已准备好	中间状态	未准备好
变革计划	清楚地知道变革计划带来的未来愿景，认为提出的变革计划有可能达成目标	对变革计划带来的未来愿景没有清晰的概念，对变革计划的主要内容能否顺利实现目标表示怀疑	不认同变革之后的未来愿景，不相信提出的变革计划是有必要的或有可能成功的
变革实施所需的技能	相信团队具备实施计划所需的知识和技能	相信团队拥有实施计划所需的一些知识和技能，并相信目前没有掌握的人有能力获得这些知识和技能	严重怀疑团队是否具备成功实施计划所需的知识和技能，不相信团队的大部分成员能够掌握这些知识和技能

附录 B.27　恐惧和希望：变革准备程度视角

说明： 在团队成员的各项变革活动中尽早使用此工具，可以帮助他们为预期的结果做好准备，并在实施过程中认识到或避免潜在的危险和障碍。

第一步： **直面恐惧**

A. 将你个人的担忧、顾虑或恐惧分别列出来，写在与创新、问题、策略、学校改进计划等相关的索引卡的一侧（或以下面的形式列出）

B. 通过循环方式，一次换一个人分享一条上面列出的担忧，借此可以将你的担忧列表与他人分享

C. 印证参与者的担忧，但不要立即回复或尝试解决

D. 识别出现的担忧类型

第二步： **拥抱希望**

A. 将你个人的希望、梦想和目标分别列出来，写在与创新、问题、策略、学校改进计划等相关的索引卡的另一侧（或以下面的形式列出）

B. 通过循环方式，一次换一个人分享一条上面列出的希望，借此可以将你的希望列表与他人分享

C. 印证参与者的希望，但不要立即表达过度的自信或怀疑

D. 识别出现的希望类型

第三步： **行动计划**

A. 在变革计划的初期阶段将恐惧和希望的各种类型（和个人的反应）考虑在内

B. 在实施阶段定期回顾，根据需要调整路线以消除恐惧，支撑希望

附录 B.28　变革理论要点

说明： 以下是三位著名作者为帮助校长进行转型和变革管理而提出的理论要素和见解。他们突出和研究了其中的关键要素。你可以选择 2~3 个要素，帮助校长计划如何利用合作式学习团队和专业发展来引领和管理积极的变革体验。

BRIDGES 引自《管理转型期：最大化地利用变革》(Managing Transitions: Making the Most of Change, 1991)	KOTTER 引自《领导变革》 (Leading Change, 1986)	FULLAN 引自《变革的六个秘诀：杰出领导人如何帮助组织生存和强大》(The Six Secrets of Change:What the Best Leaders Do to Help Their Organization Survive and Thrive, 2008)
明确谁失去了什么	形成紧迫感	热爱你的员工
接受主观教训的现实和重要性	建立指导联盟	有目的地对接同伴
不要对"反应过度"感到惊讶	制定愿景和策略	把能力培养放在主导地位
公开且富有同情心地承认损失	传达变革愿景	学习就是工作
能预料到并可以接受不好的可能性	赋予员工广泛行动的权利	规则透明化
弥补损失	产生短期收益	系统学习
不断地向人们提供信息	巩固成果，促进变革	
定义什么已经结束，什么还没有结束	将新方法稳固在文化中	
标记出结束点		
尊重过去		
允许人们保留一点过去的痕迹		
说明怎样结束可以确保真正重要的事情可以继续		

附录 B.29　变革管理问卷调查

说明： 根据下面这些问题，与各个利益相关群体一起讨论他们在各个方面的态度。这些对策可以与变革准备程度评价标准（见附录 B.26）一起使用，以评估团队的准备情况并确定适当的变革行动。

学校的历史	1．你能回忆起过去和当前哪些变革工作？ 2．你怎么看待每项工作？ 3．总的来说，你对变革的适应程度如何？
感知到的变革需求	1．你的学校有改进的需求吗？ 2．你最不满意的是什么？ 3．你希望看到哪些变化？
员工的变革意愿	1．你的团队是否愿意按照你做事的方式，来完成所需的变革？ 2．你能举几个你愿意进行变革的例子吗？ 3．如果你可能经历一段艰难或不适应的时期，你是否依旧愿意做出这种改变？ 4．这些变革是暂时的还是永久性的？ 5．对利益相关者来说，你是否认为他们也愿意做出改变，即便一开始可能经历一段艰难或不适应的时期？
对领导者的信任心	你认为目前的领导者能够成功地完成拟定的改革吗？为什么能？或者为什么不能？
变革计划	1．你认为提出的计划是否有可能达成目标？为什么能？或者为什么不能？ 2．你认为计划的优势在哪里？其劣势呢？ 3．如果需要改进计划，你会怎么修改？
变革实施所需的技能	1．你认为你所在的团队具有实施变革计划所需的知识或技能吗？ 2．如果没有，你认为团队愿意去获取所需的知识或技能吗？ 3．你认为这需要多长时间？ 4．你认为你的团队中是否有一些人，即使愿意，也无法获得所需的知识或技能？

附录 B　反思型领导成长的策略

附录 B.30　公平性领导力反思评价判断标准

说明：理解评价判断标准中的说明，反思图表中列出的每个知识点、行动或技能。当你反思时，根据评价判断标准确定并记录你的公平性领导力等级。针对那些并非"有意识且熟练"的领域，请思考并列出接下来你将采取的步骤，力求将这些领域都提升到"有意识且熟练"这一水平。对于那些"有意识且熟练"的领域，请思考并列出接下来你将采取的步骤，力求支持相关员工也提升到"有意识且熟练"这一水平。

从公平性视角看我的领导力等级	说明
一级 无意识，不熟练 （我不知道我不知道什么）	我没想过这些。我在领导岗位上从未尝试过这样做。这在我的学校如何实施，我还没有形成一定的概念框架
二级 有意识，不熟练 （我有点知道我不知道什么）	有时候我会思考这个问题，也知道应该做些什么来支持我的领导角色。我需要做得更好，并理解何时以及如何有目的地去做
三级 无意识，熟练 （我不知道什么时候使用我掌握的知识和技能）	我意识到事情的重要性以及它对我领导角色的影响。我不知道何时使用它才能最大程度支持我作为一个领导者的成长，同时也不知道为什么这对有些员工是有效的，但对另一些员工是无效的
四级 有意识，熟练 （我知道我掌握了什么，也知道如何使用）	这件事情我一直记在心里。我清晰地了解它如何影响了我的领导角色。我知道我应该怎么做，什么时候做，以及如何修正它来满足我的员工的需求

The Principal Influence

知识点、行动、技能	我的公平性领导力等级	我的下一步
理解关于种族、文化和语言的思维模式是如何影响成人与学生的交流和对学生的期望的		
了解成年人的平庸如何以及为什么会影响学生的成绩和表现		
将种族、文化、语言和公平问题整合到所有的教学领导力行动中		
处理涉及种族、文化和语言的公平性问题，作为为员工观察和反馈的一个方面		
如果某些有问题的学校行径会给特定种族或文化背景的学生带来不公平影响，提出质疑并及时制止		
根据教师/课程/年级水平和学生种族/民族，对学生的形成性和总结性评估结果进行分类，以便讨论和采取与教学实践、学生参与实践和学生联系实践相关的行动		
通过激发学生对学习经历和学校/课堂氛围的认知，将学生的观点融入解决成绩和表现差异的问题中		
激发家长、监护人和家庭对与学校有关和成绩有关的问题的看法，赋予他们发言权并让他们参与解决		

附录 B.31 "我是谁"学生自我评估

说明： 让学生对自己的各种课堂和生活技能进行评分（1~5 分），并在图表的方框中涂上颜色，制作成条柱状图。（你也可以为不同评分提供一些描述，如 1="我从未听说过这个"；2="我可以稍稍做一些工作"；3="我可以做这个"；4="这对我来说很简单"；5="这方面我很在行"。）

下面提供了一个参考的技能列表，你可以根据学生的年级水平和背景从中进行选择，要确保你选择的技能中包括非传统的学校技能。这个练习的目的就是让学生认识到他们的优势和劣势，让你与学生建立连接，从而增加你对他们的了解。如果你只选择了学校的科目，一些学生就会全然给自己打低分或高分，而忽略了这一重要信息。考虑留出一个或几个空格，让学生填上自己觉得需要打分的其他技能。下面是一些用于本次活动的技能。

心算	指路	读书
纸上速算	绘图	读图
在课堂上问问题	徒步旅行	骑自行车
自由讨论	打棒球	在脑袋上旋转物体
堆雪人	滑冰	跑步
关爱小动物	皮划艇	唱歌
清理你的区域	记日记	滑板
做实验	了解时事	滑雪
烹饪	保持房间整洁	讲外语
跳舞	听指挥	减法
除法	发表演讲	在人群面前讲话
潜水	做出改变	和教师交谈
画画	交友	讲笑话
画漫画	编故事	按时交作业
驾车	迷你高尔夫	走平衡木
健康饮食	乘法	滑水
锻炼	涂漆	独自工作
修东西	玩乐器	在团队中工作
遵照指示	参加体育运动	写诗歌
园艺	（列表：＿＿＿）	写故事
	做 PPT	

The Principal Influence

5									
4									
3									
2									
1									
技能									

一旦学生们完成了这个表格，就可以将其张贴在教室中，讨论这些内容如何支持你在课堂与学生进行合作。

附录 B.32 "我的学生"模型

说明： 利用下面的表格来了解你的学生，承认他们的优点，欣赏他们的独特性。

我的学生	列举出一些独特的事项	列出独特的兴趣、天赋或技能	列举一些学生和其他人的共同点

附录 B.33　道德领导力行动指南

目的： 当校长督导员、辅导员和导师为校长提供工作嵌入式辅导时，他们可以把道德领导力行动指南结合进去。在辅导过程出现状况时，使用这个行动指南可以让道德活动得到自然的解决。

说明： 使用下面的行动步骤来反思被辅导或被指导的校长如何应对道德困境。列出作为辅导员或导师的你将采取的下一步，以支持校长改进他对包括道德困境在内的问题的预期和反应。

第一步： 校长意识到这里有一个可能需要关注的道德困境。

我作为辅导员/导师的下一步：

第二步： 校长要确定事件或问题中涉及的道德问题。

我作为辅导员/导师的下一步：

第三步： 校长个人负责制定一个合乎道德的解决方案。

我作为辅导员/导师的下一步：

第四步： 校长弄清楚哪些抽象的道德规则可以用于解决这一问题。

我作为辅导员/导师的下一步：

第五步： 校长利用与问题相关的抽象的道德规则提出一个具体的解决方案。

我作为辅导员/导师的下一步：

第六步： 校长要做好准备面对一些道德行为事件的后果。

我作为辅导员/导师的下一步：

第七步： 校长制定道德解决方案，并通过分享解决方案的道德因素，对任何可能不同意解决方案的利益相关者做出适当回应。

我作为辅导员/导师的下一步：

附录 B.34　公平性审查

说明： 根据你的人口统计信息和你对以下问题的回答，诚实地评估你所在学校或学区的公平做法。用这些结果来帮助校长和学校关注和制订实施公平做法的计划。

第一步：
A．完成你们学校或学区的学生人口统计信息。

B．总招生数：

C．民族（记录每个种族/族裔的人数和百分比）：

D．性别（记录男/女的人数和百分比）：

E．免费或优惠餐饮（记录人数和占总人口的百分比；记录按性别及种族/族裔划分的人数和百分比）：

F．残疾学生（记录残疾学生占总人口的百分比；记录按性别及种族/族裔划分的人数和百分比）：

G．英语水平有限的学生（记录总体人群的人数和百分比；记录按性别及种族/族裔划分的人数和百分比）：

第二步： 分析你们学校或学区内学生群体的背景和成绩。

1．学生群体在国家评估中的表现如何？

2．在特殊教育方面哪些学生群体人数过多（和过少）？

3．在高等学术/就业方面哪些学生群体人数过多（和过少）？

4．在纪律问题上哪些学生群体人数过多（和过少）？

5．哪些学生群体是新入职/新手/"菜鸟"教师教的？

6．哪些课程是新入职/新手/"菜鸟"教师教的？

The Principal Influence

第三步： 根据对第二步问题的回答，考虑需要付出多少努力才能显著改变每一个问题的现状，从而实现公平。

  1．A. 很少 B. 有点儿 C.一些 D. 压倒性的
  2．A. 很少 B. 有点儿 C.一些 D. 压倒性的
  3．A. 很少 B. 有点儿 C.一些 D. 压倒性的
  4．A. 很少 B. 有点儿 C.一些 D. 压倒性的
  5．A. 很少 B. 有点儿 C.一些 D. 压倒性的
  6．A. 很少 B. 有点儿 C.一些 D. 压倒性的

第四步： 作为一个团队，要制订行动计划确保你所在学校或学区的公平做法。确定你是要快速取胜（选择一个需要"很少"努力的领域），还是要面对一个重要的公平需求领域（选择一个可能需要"压倒性的"努力的领域）。

附录 B.35　课例研究操作规程

说明： 课例研究团队的成员可以根据这些步骤和引导性问题，规划一个课例研究，帮助团队分析给定课程、组织结构或教学技术的有效性。

第一步： 确定课例重点。

1．这节课的重点包括什么内容目标和主题？

2．哪个学生的学习目标以及课程标准与目标/主题一致？

3．如何收集学生对于目标/主题的认知信息？

第二步： 制定课例。

4．哪些课例设计步骤和资源会被用到？

5．预见到的学生的错误认识有哪些？如何澄清这些错误认识？

6．哪些教学活动可以用于这个课例？

7．如何把详细的教学方案与团队进行分享？

8．课例是被实时记录并观察的吗？哪些操作规程可以用于课例观察？

第三步： 参与课例观察和反思。

9．哪些引导性问题可以用于识别需要重点关注的学生活动？

10．哪些引导性问题可以用于鼓励课例研究团队成员对学生学习的证据进行反思？

11．哪些引导性问题可以用于鼓励课例研究团队成员对学生投入的证据进行反思？

12．哪些引导性问题可以用于确定课程目标达成？

13．哪些引导性问题可以用于课例研究团队成员计划下一步行动？

附录 B 反思型领导成长的策略

附录 B.36　反思性循环目标表

说明：处于校长持续性反思的各个阶段的教师可以关注反思性循环的某一方面，帮助自己成长为反思型教育工作者。使用以下表格选择重点领域，帮助教师和那些支持、辅导和监督他们的人设定目标。

反思性循环目标	无意识阶段	有意识阶段	行动阶段	优化阶段
培养意识	观察	记录因果关系	放大细节	将所有可变因素放在一起
有目的地行动	有目的地思考	有目的地计划	策略化	从策略转向设计
精确地评估影响	关注学习	意识到你自己行动的结果	评估时考虑学生的想法	带着目的去评估
积极响应	做出改变	对你所看到的需求做出回应	立即回应	相信你的直觉
不断反思	锻炼反思	致力于每天进行反思	形成一种反思模式	培养对反思的反思

The Principal Influence

附录 B.37　基于"6C"制订校本专业发展计划

说明： 当你在设计校本专业学习时，需要定期评估你是否能将"6C"纳入有效的专业发展。下面的列表可以为你的想法提供指导，并为你的设计团队在进行"6C"的讨论时，提供内容的参考。

关联性（Connected）

- ☐ 既来源于学区也有助于达成学区和学校学生的成绩目标
- ☐ 直接关系到学生的学习和成就
- ☐ 清楚地展示过去的举措如何与新的内容相结合
- ☐ 通过改变教学活动来影响课堂教学
- ☐ 在数据分析中将学生的学习需求与成就的需求匹配起来

合作性（Collaborative）

- ☐ 为教师提供时间，一起制订学习计划
- ☐ 为参与者提供场地来交流意见和解决问题
- ☐ 制定步骤和工具，报告合作的结果
- ☐ 评估和谐的工作氛围
- ☐ 希望教师和管理者能够合作
- ☐ 将家长和家庭纳入知识库，并将他们纳入实施过程
- ☐ 为参与者提供培训机会，帮助他们尝试新的想法和策略

个性化（Customized）

- ☐ 包括满足参与者不同学习需求的条款
- ☐ 特别关联到各个领域内容的应用
- ☐ 解决学区和组织的特定需求
- ☐ 为专业学习提供选择和可选方案
- ☐ 形成个人承诺

协调性（Coordinated）
- ☐ 清晰地表明与课程的一致性
- ☐ 为整合过去和现在的计划提供帮助
- ☐ 为跨年级过渡提供实施策略
- ☐ 包括基于课堂的专业发展内容的应用

综合性（Comprehensive）
- ☐ 包含理论、示范、实践和合作的元素
- ☐ 通过制定3~5年的规划展望未来
- ☐ 包括为新员工提供最新信息的规定
- ☐ 提供交付和实施方案的时间线
- ☐ 评估实施工作和对学生学习的影响

一致性（Consistent）
- ☐ 提供研究基地支持专业发展方案
- ☐ 衡量实施工作与目标的一致性
- ☐ 在一年中运用适当的时间间隔分散学习机会
- ☐ 研究专业发展方案如何与参与者的教育信念相容

附录 B.38　评估已有知识和学习偏好

说明： 参与专业发展的人士应先填妥此表格，然后才可开始就某一特定的实践或内容领域进行专业学习。提供的信息将有助于专业发展规划者将专业学习进行区分，以满足参与者的需求。

确定的实践或内容：＿＿＿＿＿＿＿＿＿＿＿＿

你如何看待你目前在这方面的知识和经验？（勾选所有适用的选项）

☐ 对其一无所知
☐ 读过一点相关的东西
☐ 参加过相关的研讨会
☐ 读过很多相关内容
☐ 掌握它背后的基本原理
☐ 熟知与主题相关的一些策略
☐ 有时使用一个或多个与主题相关的策略
☐ 经常在课堂中使用与主题相关的策略
☐ 可以将这些内容传递给我所在的学校或其他人

关于这个主题你想了解些什么？你有什么问题吗？

你喜欢怎样学习？（勾选所有适用的选项）

☐ 通过大型团队活动
☐ 通过小组活动
☐ 与合作伙伴
☐ 独自
☐ 其他：＿＿＿＿＿＿

你如何将学习到的东西与同事分享？（勾选所有适用的选项）

☐ 通过向大型团队做展示

☐ 通过向小组做展示

☐ 通过与专业学习共同体团队一起学习

☐ 通过与合作伙伴进行交谈

☐ 通过写作

☐ 通过邀请同事到自己的课堂进行观察

☐ 通过同伴互助

☐ 其他：_____

附录 B.39 专业发展影响评估

说明： 首先，思考你将如何通过问你想知道的问题来评估专业发展实施的结果。然后，确定出你可以收集哪些信息，如何收集，以及由谁负责收集和汇报这些信息。使用下表可以指导你进行思考和计划。

问题	需要的信息	收集的方法	汇报的过程
我们想知道些什么？我们需要知道些什么来评估结果？	我们如何知道自己已经充分回答了这个问题？	我们可以利用哪些资源、流程或文件？	我们通过谁、向谁、何时以及如何进行汇报？

回顾你已经收录的内容，确保自己评估的全面性。你是否收录了评估过程需要的最重要的内容？你是否开发了一种高效的数据收集流程，它可以为你提供前进所需的信息？

附录 B　反思型领导成长的策略

附录 B.40　评估对于专业发展的组织性支持

目的： 教师、管理者和所有参与专业学习的人可以使用这个工具，确定在学区和学校层面有足够组织支持的领域，以便进行有效的专业发展训练。核对表可采用电子格式，方便显示结果。这些成果应与地区和学校领导人分享，以便在需要更多支持的领域采取行动。

确定学区和学校对有效专业发展有充分的支持。

- ☐ 学校的管理者参与专业发展活动，熟悉专业发展项目的内容
- ☐ 学区工作人员了解专业发展工作，并公开支持他们
- ☐ 专业发展目标与学区和学校目标保持一致
- ☐ 专业发展工作得到了充足的资金支持
- ☐ 学区层面的专业发展与学校的工作相关，而且两者之间也建立了明确的关系
- ☐ 冒险的氛围普遍流行，学校鼓励教师和管理者尝试新的策略
- ☐ 专业发展设计包括充分的后续工作，还包括在时间上和合作上的支持
- ☐ 与学校和学区之外的人进行交流，为专业发展提供支持或了解专业发展的需要
- ☐ 提供充足的专业发展时间，给予呈现信息、理论和演示学习新内容的机会
- ☐ 学校领导对新的举措提供持续的支持和鼓励
- ☐ 拥有一种实验文化，在这种文化中，教师会因为实施新的想法而获得奖励
- ☐ 管理者和员工之间在关于计划、执行和评估专业发展工作方面存在一种合作精神
- ☐ 在设计和提供专业发展项目时，考虑到学习者个人的需要
- ☐ 拥有一个解决专业发展实施问题的过程
- ☐ 在规划阶段考虑和交付成功实施专业发展方案所需的资源
- ☐ 限定并分享实施过程的明确目标和预期
- ☐ 在专业发展方案的规划和评估阶段向参与者征求意见，并将这些意见用于决策过程
- ☐ 专业发展决策过程有清晰的指导方针，并将其用于专业发展方案的决策
- ☐ 专业发展课程的内容是经过仔细研究和选择的，以满足学生成绩数据分析中的明确需求

附录 B.41　盘点分布式领导力

说明： 校长需就分配领导职位的机会和障碍，进行个人反思，以便制订计划。在反思过程中，使用此模板列出可以构建或加强的实践，以分配领导力。同时，列出目前还没有到位的分布式领导的机会，以及推进所需资源和激励措施的潜在障碍。一旦这些都具备了，选择一个值得信赖的同事，你可以和他分享自己的反思结果并完成"下一步行动计划指南"（见下表）。

我所在的学校实行的分布式领导的活动和政策

我可以发展的分布式领导的机会

我需要消除的分布式领导的障碍

我需要的分布式领导的资源和激励

下一步行动计划指南：

我的目标是什么（我想达成什么？）	行动步骤是什么（我如何完成它？）	时间框架（我何时完成这些步骤？）	支持（谁会帮助我？）	衡量成功的标准（我将如何评估有效性？）	其他说明

附录 B.42　导师型校长选择工具

说明： 在选择你们学区的导师型校长时，请使用以下的范例来提出面试问题及重点关注点。添加你认为必要的问题/场景，以确定最有潜力的导师。

导师甄选过程样题

1. 成功地对校长进行指导的原则是什么？

   重点关注：在指导过程对最佳实践的基本了解，包括合作伙伴、顾问和辅导员的角色。

2. 说一个你觉得你的指导工作做得很成功的经历。

   重点关注：了解"门生"在实践活动中的方法、反馈、支持、成长和变化。

3. 描述一个你会用来制订辅导/指导计划的方法。

   重点关注：评估需求、制订并执行计划的能力、持续的交流、监督进展。

4. 你将如何衡量你的指导工作的影响？

   重点关注：确定有意义的目标和可测量的标准。

5. 如果没有取得足够的进展，你会做哪些调整？

   重点关注：辅导/指导计划/目标、利用率及测量标准分析的参照。

6. 想象一下，我（面试官）是你的学生，我向你透露，我很难获得员工对教学计划的支持。让我参与一个对话，模拟一下你将如何处理导师和门生之间的这个对话。

   重点关注：质疑/激励策略，建立信任的方法，挑战，鼓励。

回答的等级量表：

无潜力的		有潜力的		非常有潜力的
1	2	3	4	5

附录 B.43　校长领导力的人文维度

目的： 优秀的校长在所有情境和互动中都表现出专业精神。这个工具确定了人际关系专业化的六个更强大的特征，这也是优秀的学校领导所必须具备的。

说明： 根据下面的指标回答：校长在多大程度上体现出这一维度？督导员、校长辅导员和其他校本管理者可以使用或修订这个工具，以帮助领导者评估自己的当前状态，并在表现出这些重要行为时变得有自觉性和积极做出回应。这项评估的结果可以帮助指导目标的设定和持续专业成长行动的计划。

	没有体现	有时候能体现，可能需要支持	体现出持久性
认真倾听他人的观点，建设性地回应他人的建议和批评			
符合道德，透明度高，具有良好的判断，并保持机密性			
认可和表扬员工和学生在个人和集体方面获得的成功			
关注并培养职业关系，形成积极的学校文化			
做出典范，并真正关心员工和学生			
建立信任和表示尊重			

附录 B.44　行动研究计划模板

说明： 单独或与各年级、学科或领导团队一起完成这个表格，创造、优化、实施和监测一个行动研究项目。

是什么问题推动了这项工作？（你试图解决什么困难？）

计划

策略名称	目前或之前的成绩水平	完成的目标日期	将要使用的评估工具	执行策略	需要的资料和工具
1					
2					
3					

收集数据	
策略名称	记录策略产生的影响，收集有关数据
1	
2	
3	

对过程进行反思

分析每个策略的影响。哪一个提供了最有效的解决办法？

你将如何调整策略来增加积极的影响？

附录 B.45　专业阅读反思

说明： 使用下面的格式来记录并汇报你或你的小组从专业阅读中学习到了什么。将你的反思添加到你的个人学习日志中或与同事分享。

团队名称：_____

成员：_____

题目	作者/来源

对我们学习到的东西进行反思

回忆/"顿悟"时刻的关键点	与我们已经做的事情相关联

基于我们已经学习到的，我们未来将采取的行动

我们需要知道更多或有问题的方面	为实施我们所学到的，我们将采取的个人行动

反侵权盗版声明

电子工业出版社依法对本作品享有专有出版权。任何未经权利人书面许可，复制、销售或通过信息网络传播本作品的行为；歪曲、篡改、剽窃本作品的行为，均违反《中华人民共和国著作权法》，其行为人应承担相应的民事责任和行政责任，构成犯罪的，将被依法追究刑事责任。

为了维护市场秩序，保护权利人的合法权益，我社将依法查处和打击侵权盗版的单位和个人。欢迎社会各界人士积极举报侵权盗版行为，本社将奖励举报有功人员，并保证举报人的信息不被泄露。

举报电话：（010）88254396；（010）88258888
传　　真：（010）88254397
E-mail：dbqq@phei.com.cn
通信地址：北京市万寿路 173 信箱
　　　　　电子工业出版社总编办公室
邮　　编：100036